© 2002, 2001, by Pearson Education do Brasil

Todos os direitos reservados. Nenhuma parte desta publicação poderá ser reproduzida ou transmitida de qualquer modo ou por qualquer outro meio, eletrônico ou mecânico, incluindo fotocópia, gravação ou qualquer outro tipo de sistema de armazenamento e transmissão de informação, sem prévia autorização, por escrito, da Pearson Education do Brasil.

Gerente de Produção: Silas Camargo
Produtora Editorial: Salete Del Guerra
Design de Capa: Fabio Mestriner, Renata Erlichman
Foto de Fundo de Capa: Paulinho Silva
Todas as fotos pertencem ao acervo da Packing e ao portfólio do autor
Editoração Eletrônica: ERJ Composição Editorial e Artes Gráficas

Dados de Catalogação na Publicação

Mestriner, Fabio

Design de Embalagem – Curso Básico, 2ª edição revisada

São Paulo : Pearson Makron Books, 2002

ISBN: 85-346-1482-2

Este livro recebeu a placa de finalista no prêmio Fernando Pini de Excelência Gráfica

Direitos exclusivos cedidos à
Pearson Education do Brasil Ltda.,
uma empresa do grupo Pearson Education
Avenida Francisco Matarazzo, 1400
Torre Milano – 7o andar
CEP: 05033-070 -São Paulo-SP-Brasil
Telefone 19 3743-2155
pearsonuniversidades@pearson.com

Distribuição
Grupo A Educação
www.grupoa.com.br
Fone: 0800 703 3444

*Dedico este livro ao
Professor Francisco Gracioso,
um exemplo de dedicação
à causa da Educação*

Agradecimentos

O autor gostaria de expressar seus sinceros agradecimentos às pessoas que contribuíram para a realização desta obra:

- Ao Professor Francisco Gracioso pelo prefácio do livro e por ter-me convidado para integrar a Escola de Criação da ESPM e ao Professor Roberto Corrêa, meu diretor, por seu apoio.
- Ao Sergio Haberfeld da ABRE pelo prefácio, pela confiança e pelo apoio que tem dado no meu trabalho na entidade.
- Aos alunos que com sua participação contribuíram para a evolução e o aperfeiçoamento do curso que se transformou neste livro.
- Aos profissionais de marketing que colaboraram com o curso, passando briefings aos alunos e analisando os trabalhos realizados: Daniel Klinger e Mileni da Bols, Ana Maria d'Arco da Mococa, Rostislav (Rosti) da Tostines, Rubens Machado e Roberta da Parmalat, Corinto Arruda da Schincariol, Youcef e Leonardo da Kid's, Marcia Camargo da Kopenhagen, Antonin Bartos da Seven Day Diet, Arthur Assumpção e Patricia Gonçalves da Ripasa, Gina Manfredini da Kimberly Clark Kenko, Horacio Del Nero Rocha da Sucos Del Valle e Cristiane Serrano da Vepê.
- À equipe da ABRE: Margarida, Flavia, Maria Elisa e Luciana, que ajudaram a realizar a versão compacta do curso.
- Ao pessoal da Escola de Criação: Eliana, Neide e Aniele.
- Às empresas que apoiaram a realização deste livro: Tetra Pak, Rigesa, Ripasa e seu pessoal: Assunta Camilo, Fabio Pereira, Ronald Sasine, Amando, Marisa e Claudia.
- À equipe da Packing que me apoiou neste trabalho, especialmente a Angélica que digitou e Renata que fez comigo a capa do livro; a Inah, Edson, Lisandra, Cristiane, Daniela, Valéria, Valentina, Rogério e Denise. Ao Roney e ao Renato que também foram alunos do Curso na ESPM.
- A Maria Adelaide, minha irmã, Bibliotecária da Poli (USP), que organizou a bibliografia do livro de acordo com a norma internacional.
- Ao Milton, meu editor, pela confiança e apoio.
- Ao pessoal da Makron *Books*: José Carlos que apoiou meu projeto, Salete que produziu e me ajudou o tempo todo e Edison que com sua equipe diagramou esta obra.
- Aos diretores da Packing, José Arnaldo Mota e Sônia Pimentel, a Luciana e ao Paulo Izzo que sempre me apoiaram.
- Vai aqui o meu agradecimento especial a Glaucia Boner, Diretora de Design da Packing que tem trabalhado comigo há mais de dez anos desenhando embalagens.

Sumário

Prefácio – Francisco Gracioso XIII

Prefácio – Sergio Haberfeld XV

Apresentação XVII

Apresentação do curso XIX

PARTE 1
O UNIVERSO DA EMBALAGEM 1

Introdução ao mundo da embalagem 3
O negócio da embalagem no Brasil 8
Implicações da embalagem na sociedade e no meio ambiente 9
O que é design de embalagem 10
A linguagem visual da embalagem 13
A construção da linguagem visual das embalagens 14
Entendendo melhor a embalagem 18
    Como o design de embalagem funciona 18
    A embalagem como ferramenta de marketing 19
    Fazendo propaganda na embalagem 20
    Conversando com o consumidor 20
    Fazendo da embalagem algo especial 21
    A força das embalagens promocionais 21
    Oferecendo "mais" além do produto convencional 22
    Conclusão 22
Desenhando para o marketing 24
Entendendo melhor o produto 25
A embalagem é expressão e atributo do produto 26
Promovendo vendas a partir das embalagens existentes 27
O consumidor e a embalagem 29
A importância da pesquisa 30
A importância do bom design de embalagem 31

PARTE 2
METODOLOGIA DE DESIGN DE EMBALAGEM 35

Introdução à metodologia de design 37

Os 10 pontos-chave para o design de embalagem 37

    1. conhecer o produto 37
    2. conhecer o consumidor 38
    3. conhecer o mercado 38
    4. conhecer a concorrência 38
    5. conhecer tecnicamente a embalagem a ser desenhada 38
    6. conhecer os objetivos mercadológicos 38
    7. ter uma estratégia para o design 39
    8. desenhar de forma consciente 39
    9. trabalhar integrado com a indústria 39
    10. fazer a revisão final do projeto 40

Metodologia do design de embalagem 41

    O briefing 42
    O estudo de campo 45
        Importância do estudo de campo 46
        Análise visual das categorias de produtos 50
    A estratégia do design 51
    Procedimento do design 52
    Apresentação do conceito de design 58
    A implantação do projeto 60

PARTE 3
ESTUDOS DE CASOS 63

Introdução aos estudos de casos 65

Sorvetes Misty 66

Tintas Lukscolor 68

Copos Marimar 70

Yankee Burger 72

Licores Bols 74

Folha by Hering 76

Refrigerantes Schin 78

Pial Legrand 80

Sucos Del Valle 82

Produtos Vepê 84

Café Tróppicus 86

Rigesa Westvaco 88

Embalagens Tetra Pak 90

Cerveja Schincariol 92

Intimus Gel Fit 94

Produtos Mococa 96

Seven Boys 98

Ripax 100

PARTE 4
EXERCÍCIOS 103

Introdução aos exercícios 105

Desenhando embalagens 106

Briefings para treinamento 108

PARTE 5
COMENTÁRIOS FINAIS 125

Recomendações finais 127

Glossário de termos utilizados no design e na indústria da embalagem .. 129

Bibliografia 135

Histórico profissional do professor Fabio Mestriner 137

Prefácio

por Francisco Gracioso

☐ Diretor-Presidente da Escola Superior de Propaganda e Marketing

Sobre o autor deste livro, o designer Fabio Mestriner, começarei dizendo que é um exemplo raro de profissional de renome, com um interesse genuíno pela difusão de sua arte e pela formação de novos designers. Só Deus sabe como consegue encontrar tempo livre para lecionar e para escrever um livro como este, depois de dedicar 10 ou 12 horas de trabalho diário à criação de embalagens para clientes exigentes. Por isso, sendo eu também um publicitário que se dedicou à formação das novas gerações na ESPM, sou profundamente grato a Fabio Mestriner pela sua vocação de apóstolo. Que Deus o proteja e guie.

Sobre o livro, que reproduz, em grande parte, o conteúdo teórico do curso de design de embalagem que Mestriner leciona na Escola de Criação da ESPM, basta que se diga que é o primeiro de seu gênero escrito por um brasileiro. Não existe nenhuma outra obra como esta, que trate da criação e produção de embalagens a partir de nossa própria experiência. Para os jovens que se preparam para ingressar nesse promissor mercado de trabalho e para os profissionais da área que desejem ampliar os seus conhecimentos e acelerar o seu progresso na carreira, este livro reveste-se de grande importância. Cada vez mais as empresas brasileiras necessitarão de embalagens que "ajudem a vender os produtos" na feliz definição do próprio Mestriner. Na prática, os designers orientam e disciplinam o seu talento criativo através de uma metodologia de processo, que constitui a parte central do livro.

Cumprimento o autor e congratulo-me com os leitores pelo surgimento deste livro. De hoje em diante, alunos, professores e designers terão a seu dispor um livro de referência que reflete a nossa cultura e os nossos problemas, desde as peculiaridades de nosso varejo até o desafio da proteção ambiental, no mundo maravilhoso das embalagens.

Prefácio

Design, Mais Que Arte, uma Ferramenta de Competitividade

por Sergio Haberfeld

❑ Presidente da ABRE (Associação Brasileira de Embalagem), da ULADE (União Latino-Americana de Embalagem) e da WPO (World Packaging Organization)

Como sempre digo, a categoria de profissionais do design é incrivelmente animada. Tenho a impressão de que, quando o assunto é criar, os profissionais desta área devem necessariamente estar de bem com a vida. Afinal, os desafios não são poucos. Se o grande desafio dos homens de negócio é lidar com a globalização de mercados, com a competição acirrada e com a similaridade tecnológica e, assim, garantir a continuidade e expansão de suas empresas, cabe ao designer criar boa parte das ferramentas que serão utilizadas como diferencial nesta competição.

O designer de embalagem não é simplesmente um artista. Ele deve estar atento a todos os fatores que influenciam o comportamento do consumidor final. A boa embalagem será responsável por um produto vencedor. Assim, como vitrine desse produto, a embalagem deve refletir ainda as características intrínsecas dele, bem como o estágio de desenvolvimento em que se encontram seu fabricante e a sociedade como um todo.

Não basta uma embalagem perfeita do ponto de vista tecnológico se ela não respeitar as particularidades de cada mercado e o regionalismo de cada consumidor. Assim como não basta uma embalagem graficamente maravilhosa se suas propriedades técnicas não mantiverem a integridade do produto e não interagirem com ele em perfeita harmonia.

O design integrado é uma corrente que a cada dia ganha mais força entre as agências nacionais e internacionais. Estamos falando de frasco, tampa, rótulo, caixa de embarque etc., totalmente integrados, aproveitando ao máximo a capacidade produtiva e os recursos tecnológicos da indústria, otimizando os custos e racionalizando toda a cadeia logística. Aliam-se a isso a conveniência no consumo e o respeito ao meio ambiente no pós-consumo.

Para atingir tais objetivos, o designer também deve assumir o papel de comunicador. Começa a nascer no Brasil o conceito de integração também da cadeia produtiva. Neste novo cenário, designers, fabricantes de produtos e de embalagem trocam figurinhas antes de iniciarem um projeto. A idéia é que cada elo da cadeia conheça a fundo suas possibilidades e capacidades e, a partir daí, explore o que cada um tem de melhor a oferecer.

Este livro é justamente mais um passo do amigo e designer Fabio Mestriner no sentido de disseminar esta consciência corporativa e impulsionar o design brasileiro. Através dos casos apresentados consegue-se traçar um panorama do que temos e das potencialidades que ainda podem ser exploradas. Seguindo as palavras do MESTRE (INER) – desculpem-me pelo trocadilho!!!! –, "o marketing é uma batalha de percepção e não de produto".

Apresentação
O Brasil Precisa de Design

No momento em que apresentamos este livro aos vários públicos a que ele se destina, estamos conscientes do estágio de desenvolvimento alcançado por nosso país e da necessidade que ele tem cada vez mais do design como componente estratégico para melhorar a competitividade e agregar valor aos seus produtos.

Participamos de várias iniciativas para fazer com que o design seja compreendido e praticado como atividade integrada ao esforço industrial produtivo e vemos com satisfação este conceito germinar nas várias instâncias formadoras de opinião, nas entidades de classe empresarial e nos setores governamentais ligados de alguma forma ao design.

Precisamos e vamos precisar cada vez mais dotar nossos produtos de um bom design e este livro é uma contribuição ao esforço de fazer com que o design de embalagem disponha de um método que possa ser adotado, ensinado e aperfeiçoado por aqueles que lidam com a embalagem em empresas, escolas e indústrias.

A metodologia de design aqui apresentada serve de base para que novos avanços possam ser realizados, fazendo com que o design de embalagem no Brasil evolua e possa cumprir o importante papel que tem a desempenhar no esforço que a sociedade brasileira vem fazendo para reduzir a defasagem de alguns setores de nossa economia e se integrar de forma plena no mundo globalizado.

Fabio Mestriner

Nota à segunda edição

Durante o curto espaço de tempo transcorrido desde a chegada deste livro às livrarias e a necessidade de se lançar uma segunda edição, tive a sorte e o privilégio de receber comentários e sugestões de profissionais importantes da área e colegas que tiveram a gentileza de comentar aspectos desta obra que julgaram interessantes.

Fico feliz de poder incluir, nesta edição, algumas destas observações e minhas próprias alterações resultantes da releitura da versão impressa e do contato com os alunos e amigos que o leram. Acrescentei mais duas dezenas de fotos legendadas, pois a riqueza visual foi um dos aspectos que mais chamaram a atenção dos leitores. Fiz alguns retoques e também correções que completaram o trabalho de revisão.

Neste período, pude verificar o impacto que este livro teve no trabalho da primeira turma de alunos que o utilizou em aula no curso da ESPM. Você verá na página seguinte uma coletânea com alguns dos trabalhos realizados por estes alunos. Os comentários positivos recebidos em dezenas de e-mails, faxes e telefonemas, e aqueles recebidos no contato direto com as pessoas a respeito deste trabalho, indicam que estamos no caminho certo quando manifestamos, na apresentação acima, nossa esperança de que esta obra possa servir de base para novos avanços no design de embalagem em nosso país.

Apresentação

Todos sabemos a importância que a embalagem tem para a economia dos países desenvolvidos.

A Ripasa conhece muito bem este assunto, pois produz uma ampla linha de papéiscartões para a produção de embalagem e participa ativamente das iniciativas que possam fazer com que a embalagem evolua cada vez mais entre nós.

Ao apoiar o livro Design de Embalagem – Curso Básico, estamos certos de estar contribuindo para que o design de embalagem em nosso país dê um importante passo a frente, possibilitando às empresas que precisam de produtos competitivos e eficientes no ponto de venda, uma nova referência.

Estamos certos de que este livro abrirá novas perspectivas para o desenvolvimento de embalagens que explorem cada vez mais o pontencial de marketing e comunicação que elas oferecem.

Aos professores e estudantes que o utilizarão, reafirmamos nossa convicção de que apoiar a educação, o ensino e o conhecimento é uma atitude que as empresas modernas devem valorizar e exercer como parte integrante de suas atividades, pois assim estaremos todos contribuindo para o crescimento de uma sociedade melhor.

Ripasa S.A. Celulose e Papel

Apresentação

"Organizações que estudam" é um conceito moderno de administração e gestão empresarial muito em voga atualmente.

A Packing é uma empresa que adota este conceito e tem um programa de desenvolvimento permanente envolvendo toda a sua equipe. Os profissionais da Packing participam deste programa com estusiasmo e estão sempre estudando, fazendo cursos e participando das atividades ligadas ao design e ao negócio da embalagem em nosso país.

Nada mais natural, portanto que a empresa participe e apoie a publicação deste livro cujos conceitos são integralmente adotados e praticados em seu dia a dia.

A Packing oferece este livro a seus clientes e amigos com a certeza de que o conteúdo apresentado em suas páginas tem uma real utilidade prática com resultados amplamente comprovados nos projetos realizados pela empresa.

Mais de 150 embalagens mostradas nesta obra foram desenhadas pelos profissionais que dirigem o design da Packing confirmando a eficiência do método. Estamos certos de estar com essa iniciativa demonstrando que não basta as organizações modernas aprender. É necessário que elas também sejam capazes de dividir com a sociedade os frutos do conhecimento.

Só assim, encontraremos o verdadeiro progresso social, pois não basta dar ao homem um peixe, é preciso ensiná-lo a pescar.

Packing Design de Embalagem

Apresentação

O Brasil Precisa de Design

No momento em que apresentamos este livro aos vários públicos a que ele se destina, estamos conscientes do estágio de desenvolvimento alcançado por nosso país e da necessidade que ele tem cada vez mais do design como componente estratégico para melhorar a competitividade e agregar valor aos seus produtos.

Participamos de várias iniciativas para fazer com que o design seja compreendido e praticado como atividade integrada ao esforço industrial produtivo e vemos com satisfação este conceito germinar nas várias instâncias formadoras de opinião, nas entidades de classe empresarial e setores governamentais ligados de alguma forma ao design.

Precisamos e vamos precisar cada vez mais dotar nossos produtos de um bom design e este livro é uma contribuição ao esforço de fazer com que o design de embalagem disponha de um método que possa ser adotado, ensinado e aperfeiçoado por aqueles que lidam com a embalagem nas empresas, escolas e indústrias.

A metodologia de design aqui apresentada serve de base para que novos avanços possam ser realizados fazendo com que o design de embalagem no Brasil evolua e possa cumprir o importante papel que tem a desempenhar no esforço que a sociedade brasileira vem fazendo para reduzir a defasagem de alguns setores de nossa economia e se integrar de forma plena no mundo globalizado.

Tetra Pak

Apresentação

O Papel do Designer

Num mercado em constante mudança e com novos atores entrando a cada dia, a comunicação efetiva entre produtor e cliente torna-se cada vez mais importante. Das várias formas de comunicação comercial, talvez seja a embalagem a que tenha mais impacto direto e maior eficácia nas vendas, pois é através dela que os consumidores têm o maior contato e intimidade no dia-a-dia. Quem não se lembra das cores do papel de seu chocolate preferido da infância? Quantos presentes não têm significado ainda maior para quem os recebe devido ao apelo de sua embalagem? Como nós nos sentimos ao pegar nas mãos um produto velho e confiável? O quanto não somos induzidos pela embalagem a conhecer aquele produto novo na prateleira? Para tudo isso, precisa-se de design.

O 1º LIVRO A APRESENTAR A METODOLOGIA DE DESIGN DE EMBALAGEM COMPLETA.

Para os estudantes de design de embalagem, este livro servirá como um recurso básico e essencial. Os estudos apresentados, as técnicas analisadas e as ferramentas exploradas são um acervo de grande valia para todos que trabalham profissionalmente com embalagens: fabricantes de produtos de consumo, equipes de marketing, agências de propaganda, lojistas, birôs e designers. Temos agora um ponto de partida comum, a partir do qual podemos ir o mais longe possível sem nos esquecermos da nossa história.

E ninguém melhor que Fábio Mestriner para fazer tudo isso. Desde que o conheci, sinto o maior respeito pelo seu trabalho como designer e grande admiração pelo apoio que ele dá à toda a comunidade do design. Seja em universidades e cursos técnicos ou em reuniões e conferências da Associação Brasileira da Embalagem (ABRE), Fabio prega incessantemente a importância da imagem harmoniosa e atrativa. Criatividade, funcionalidade e atenção aos detalhes tornam muito forte a marca do Fabio e de sua agência, e agora, através deste livro, ele pode dividir um pouco de tudo isso conosco.

Ronald D. Sasine
Gerente de Marketing Corporativo
Rigesa Westvaco
Campinas, SP – Brasil

TRABALHOS DOS ALUNOS DO 1º SEMESTRE DE 2001

Três clientes passaram briefing aos alunos: a Schincariol solicitou um novo design para sua tradicional Itubaina, a Parmalat um estudo investigativo para um novo Corn Fkakes e a Ripasa a criação de um novo produto destinado ao público adolescente.

Além das embalagens ao lado, que representam alguns dos trabalhos apresentados, estes clientes receberam relatórios detalhados dos estudos de campo e as estratégias de design escritas. Estudos de repetição das embalagens em gôndola e *mock-ups* (protótipos) dos projetos desenvolvidos também foram apresentados.

Todas as embalagens aqui apresentadas têm aspectos interessantes que estimularam os clientes a pensarem novas possibilidades para seus produtos, pois os alunos não estão presos aos rigores e limitações enfrentados pelas agências profissionais e são estimulados a ousar em suas propostas, sem perder, é claro, o compromisso com a viabilidade de produção das embalagens propostas. O curso tem um módulo de tecnologia de embalagem encarregado de cuidar destes aspectos. Assim, mesmo os olhinhos saltados na embalagem de Corn Flakes são tecnicamente viáveis para uma ação promocional ou de lançamento do produto.

Esta foi a primeira turma a utilizar este livro em aula.

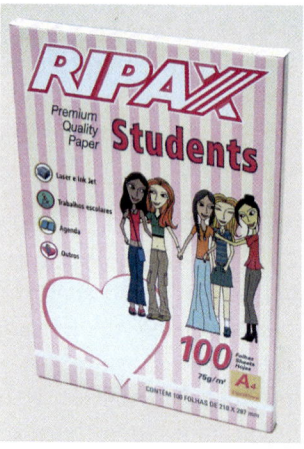

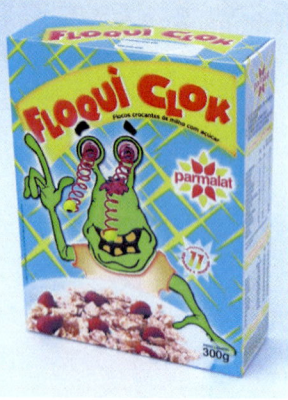

Apresentação do Curso

Este livro apresenta o conteúdo básico do curso de design de embalagem que vem sendo ministrado na Escola de Criação da ESPM (Escola Superior de Propaganda e Marketing) de São Paulo.

O curso, com duração inicial de um semestre, e agora ampliado para um ano com a inclusão de um módulo de tecnologia, se propõe a levar os participantes a conhecer o universo da embalagem e a metodologia do design desenvolvida pelo professor e sua equipe ao longo de mais de uma década de dedicação exclusiva ao design de embalagem.

Este curso é composto de um módulo teórico e outro prático, em que os participantes recebem a visita de profissionais de marketing, de empresas de ponta no segmento de consumo, que passam o briefing de projetos, exatamente como fazem com as agências de design que os atendem.

Os projetos de design realizados pelos alunos do curso seguem rigorosamente a metodologia apresentada no módulo teórico, e são uma oportunidade para que eles desenhem para alguma das empresas mais importantes do país. Já participaram deste projeto empresas como, Colgate, Nestlé, Parmalat, Schincariol, Kopenhagen, Mococa, Seven Boys, Del Valle, Kimberly Clark, entre outras.

Uma vez atribuído o projeto, os alunos vão a campo, em aulas nos supermercados, para conhecer a situação real de exposição dos produtos, os preços e o posicionamento dos concorrentes. Depois do estudo de campo, eles voltam para a escola, onde, no laboratório de computação gráfica, passam a trabalhar no design das embalagens solicitadas. Concluída a fase de desenho, os profissionais de marketing/clientes comparecem para a apresentação dos projetos e para a avaliação dos trabalhos realizados.

Os resultados dos trabalhos apresentados têm surpreendido positivamente a todos os participantes, estudantes e clientes, confirmando a eficiência da metodologia aplicada.

Até agora foram realizadas seis edições do curso, que vem sendo aperfeiçoado continuamente.

Versão Compacta

Com a criação do Comitê de Design da ABRE (Associação Brasileira de Embalagem) em 98, uma versão compacta desse curso foi desenvolvida para integrar o programa de trabalho do Comitê e esta passou a ser ministrada aos profissionais da indústria de embalagem das agências de design e das empresas que utilizam embalagem de forma intensiva.

O curso da ABRE já foi realizado também em outros Estados para atender à demanda por informações deste tipo que o Brasil está vivendo.

Empresas do mercado também se interessaram pelo curso e uma versão "in company" foi adaptada, passando a ser ministrada aos profissionais de marketing e de embalagem de várias empresas do mercado.

Coquetel de frutas sem álcool criado pelos alunos para a Bols.

Para criar um cereal matinal Diet, os alunos pesquisaram em campo e compreenderam que a nova embalagem precisaria informar aos consumidores que havia algo de novo nesta categoria de produtos. A embalagem proposta é ainda um cartucho no tamanho e proporção dos cereais tradicionais, mas transparente por ser feita de PUC. O rótulo auto-adesivo metalixado complementa um consumo inovador e de grande impacto visual.

O Livro

Apesar da enorme importância da embalagem na economia, na sociedade, no meio ambiente e na vida dos consumidores, é muito precária a bibliografia sobre o design de embalagem em nosso país. A grande quantidade de perguntas que respondemos semanalmente em nosso site demonstra claramente essa deficiência.

A publicação do conteúdo do módulo teórico, com a inclusão de imagens e notas explicativas, representa uma iniciativa de, em certo sentido, reduzir um pouco essa falta de informação e serve como contribuição para que designers, estudantes, pesquisadores, profissionais de marketing e da indústria de embalagem ampliem sua reflexão sobre um tema tão importante.

Nossa intensão não é aprofundar o assunto, mas oferecer uma versão panorâmica sobre o universo da embalagem e sobre a metodologia básica de projeto para se desenhar embalagens.

Não entramos nos aspectos técnicos da produção de embalagens, pois este assunto é muito complexo e será objeto de outros livros. Entretanto, a experiência comprova que, levando em consideração as premissas apresentadas neste trabalho e aplicando corretamente a metodologia de projeto, alunos de níveis de formação e conhecimentos muito diferentes chegaram a resultados que surpreenderam os profissionais e até mesmo o professor e sua equipe.

Alguns dos trabalhos desenvolvidos pelos alunos do curso podem ser vistos nas páginas seguintes, confirmando o que afirmamos, pois acreditamos que é possível desenhar embalagens que realmente contribuam para o sucesso dos produtos, se procurarmos nos integrar com a indústria de embalagem e os profissionais de marketing envolvidos nos projetos, utilizando a metodologia de design.

Decidimos publicar o conteúdo do curso para que mais pessoas e empresas possam se beneficiar dessa experiência; o Brasil precisa de design para melhorar a competitividade e agregar valor a seus produtos, e várias iniciativas vêm demonstrando o crescente interesse em fazer do design de embalagem uma poderosa ferramenta de marketing para as empresas de todo o país.

Na Parte 4 deste livro foram incluídos, como exercícios, um roteiro que ensina o desenho de embalagens no computador e uma coleção de briefings passados aos alunos do curso, que podem ser desenhados como forma de treinamento.

Neste projeto, o objetivo era criar um vermute que fosse autêntico e não copiasse as marcas líderes. Os alunos pesquisaram a linguagem visual desta categoria de bebidas, estudaram heráldica e criaram um rótulo de vermute dentro desta linguagem. O nome Paizano criado por eles significa Patrício em dialeto italiano. No verso foi criada uma "história" do produto associando-o à imigração italiana. Completa o projeto um rótulo multifolhas com receitas de coquetéis.

No projeto Tostines foram incluídos acompanhamentos da apresentação do biscoito. Hoje, além da Tostines, outras marcas adotam esta solução.

PARTE 1

O Universo da Embalagem

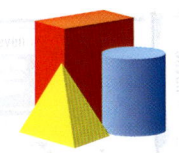
"A embalagem é um fator decisivo no novo cenário competitivo."

Introdução ao Mundo da Embalagem

Desenhar embalagens que realmente contribuam para o sucesso do produto na competição de mercado não é uma tarefa fácil. A embalagem é hoje um importante componente da atividade econômica dos países industrializados, em que o consumo deste item é utilizado como um dos parâmetros para aferir o nível de atividade da economia.

A embalagem final é produto da ação de uma complexa cadeia produtiva que começa na matéria-prima com os fabricantes de vidro, papel, resinas plásticas, folha de flandres, alumínio, madeira e tecidos industriais. A indústria de matéria-prima é composta em sua maioria por empresas de grande porte que exigem grandes investimentos e operam em uma escala de produção muito alta.

Essas matérias-primas alimentam os convertedores, que são as indústrias que fabricam e imprimem garrafas, frascos, potes, sacos, cartuchos e uma infinidade de soluções acompanhadas de rótulos, tampas, selos, lacres, códigos e outros acessórios que constituem o núcleo central da indústria de embalagem, reunindo o maior número de empresas no negócio.

Para produzir, esses convertedores utilizam equipamentos, que por sua vez são fabricados por indústrias especializadas que formam um novo agrupamento produtivo composto por empresas de porte variado entre grandes e pequenas.

Os convertedores fornecem para as empresas que embalam seus produtos. As embaladoras se distribuem em indústrias de alimentos, bebidas, higiene e limpeza, *personal care*, cosméticos, produtos domésticos, e assim por diante, em uma cadeia produtiva que opera em linhas de produção, utilizando os equipamentos de envase, que por sua vez são produzidos por outro grupo de indústrias.

Para as indústrias embaladoras, a embalagem é um componente importante do custo de produção, pois muitas vezes representa o principal item na composição do custo final do produto, como acontece com a água mineral e alguns perfumes, por exemplo. É também um fator crítico na proteção e na logística de distribuição de seus produtos.

Muitas empresas embaladoras têm inventários de embalagem que superam a centena de milhões de dólares/ano, o que nos dá uma idéia da importância que este item tem na estrutura de seus negócios.

Entre o fabricante do produto e o consumidor final da embalagem operam as empresas de transporte e logística, os atacadistas e varejistas para os quais a embalagem representa papel fundamental em sua estrutura operacional. Uma vez no ponto de venda, a embalagem transforma-se em uma importante ferramenta de marketing, tendo envolvido o trabalho de profissionais e empresas especializadas em marketing, pesquisa, promoção e design.

Compreender a existência e a estrutura dessa cadeia produtiva que no mundo todo movimenta anualmente mais de 500 bilhões de dólares é o ponto de partida para o trabalho do designer, pois precisamos estar

Para abastecer e sustentar as metrópolis, a sociedade passou a produzir cada vez mais embalagens, pois a vida nas grandes cidades não seria possível sem elas.

O desenvolvimento da indústria, do comércio, da tecnologia e da própria sociedade fez da embalagem um importante componente da vida moderna.

A indústria de embalagens utiliza uma ampla gama de materiais, processos de equipamentos de produção, técnicas e sistemas de impressão e rotulagem em uma complexa cadeia produtiva.

A EMBALAGEM NO SENTIDO AMPLO

Além das funções básicas originais da embalagem, ela desempenha uma série de funções e papéis nas empresas e na sociedade.

O Quadro 1 agrupa os principais componentes da amplitude da embalagem para que ela possa ser compreendida em seu sentido amplo.

conscientes de que o design é a vitrine de um negócio mundial de grandes proporções e envolve o esforço de várias indústrias e expectativas de empresas e consumidores.

Não se trata apenas de um trabalho de criação artística, mas a imagem final de tudo o que foi realizado até aquele momento e o vínculo definitivo do produto da cadeia produtiva com o consumidor final, pois a embalagem carrega também a imagem das empresas que a produziram e a marca de seu fabricante.

Desenhar embalagem é atuar em um mundo complexo em que a tecnologia, a pesquisa e a ciência trabalham intensamente criando e desenvolvendo processos de conservação e proteção de alimentos, novos materiais, pigmentos, adesivos, sistemas de fechamento e envase, tudo para obter mais eficiência e destaque em um cenário global cada vez mais competitivo.

O mundo da embalagem é o mundo do produto, da indústria e do marketing, em que o design tem a responsabilidade de transmitir tudo aquilo que o consumidor não vê, mas que representa um grande esforço produtivo para colocar nas prateleiras o que a sociedade industrial moderna consegue oferecer de melhor.

Quadro 1
Amplitude da Embalagem

FUNÇÕES PRIMÁRIAS	Conter/Proteger Transportar
ECONÔMICAS	Componente do valor e do custo de produção Matérias-primas
TECNOLÓGICAS	Sistemas de acondicionamento Novos materiais Conservação de produtos
MERCADOLÓGICAS	Chamar a atenção Transmitir informações Despertar desejo de compra Vencer a barreira do preço
CONCEITUAIS	Construir a marca do produto Formar conceito sobre o fabricante Agregar valor significativo ao produto
COMUNICAÇÃO E MARKETING	Principal oportunidade de comunicação do produto Suporte de ações promocionais
SOCIOCULTURAL	Expressão da cultura e do estágio de desenvolvimento de empresas e países
MEIO AMBIENTE	Importante componente do lixo urbano Reciclagem/Tendência mundial

Quadro 2
O Mundo da Embalagem

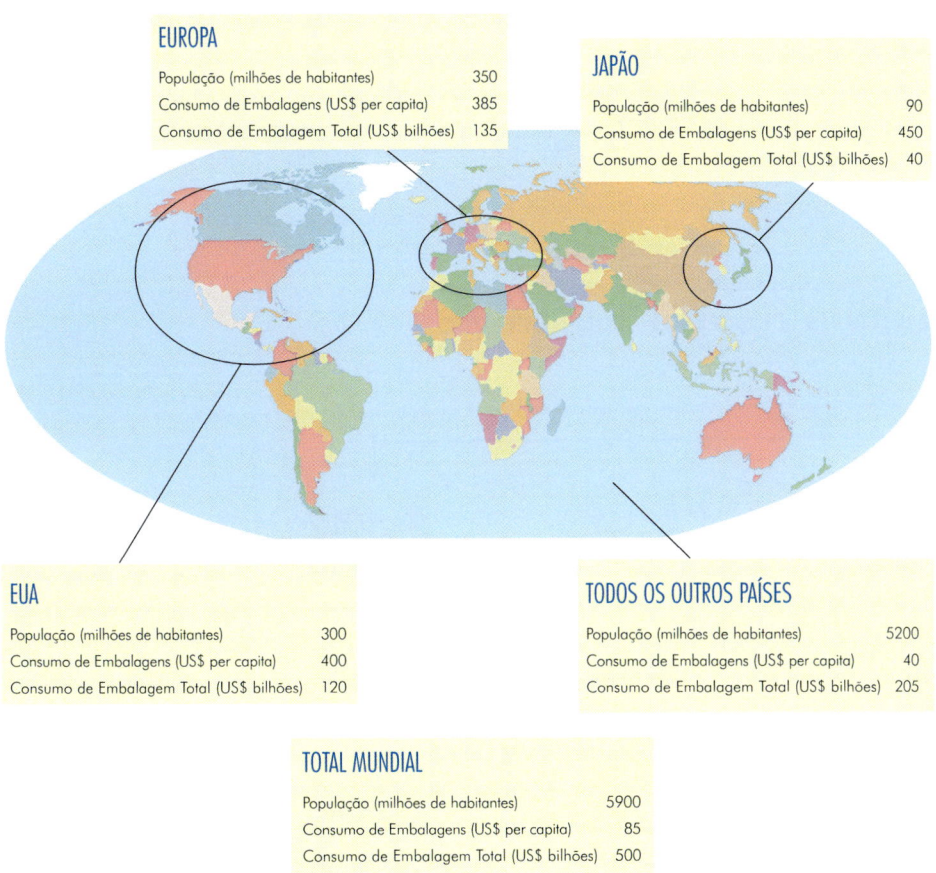

EUROPA
População (milhões de habitantes)	350
Consumo de Embalagens (US$ per capita)	385
Consumo de Embalagem Total (US$ bilhões)	135

JAPÃO
População (milhões de habitantes)	90
Consumo de Embalagens (US$ per capita)	450
Consumo de Embalagem Total (US$ bilhões)	40

EUA
População (milhões de habitantes)	300
Consumo de Embalagens (US$ per capita)	400
Consumo de Embalagem Total (US$ bilhões)	120

TODOS OS OUTROS PAÍSES
População (milhões de habitantes)	5200
Consumo de Embalagens (US$ per capita)	40
Consumo de Embalagem Total (US$ bilhões)	205

TOTAL MUNDIAL
População (milhões de habitantes)	5900
Consumo de Embalagens (US$ per capita)	85
Consumo de Embalagem Total (US$ bilhões)	500

Vivemos em uma sociedade capitalista industrial em que a produção, a utilização e a distribuição de embalagens são um negócio global com valor estimado em US$ 500 bilhões de dólares.

Esse valor crescerá rapidamente nos próximos anos com a ampliação do comércio global, tornando-se ainda mais importante.

Quadro 3
Materiais de Embalagem (Participação)

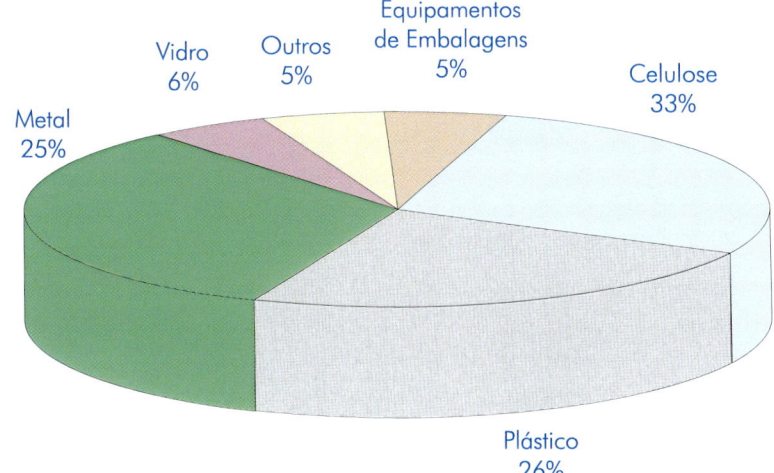

Mercado mundial de embalagem por tipo de material estimado em US$ 500 bilhões.
Fonte: Brasil Pack Trends 2005.

Quadro 4
A Cadeia Produtiva da Embalagem

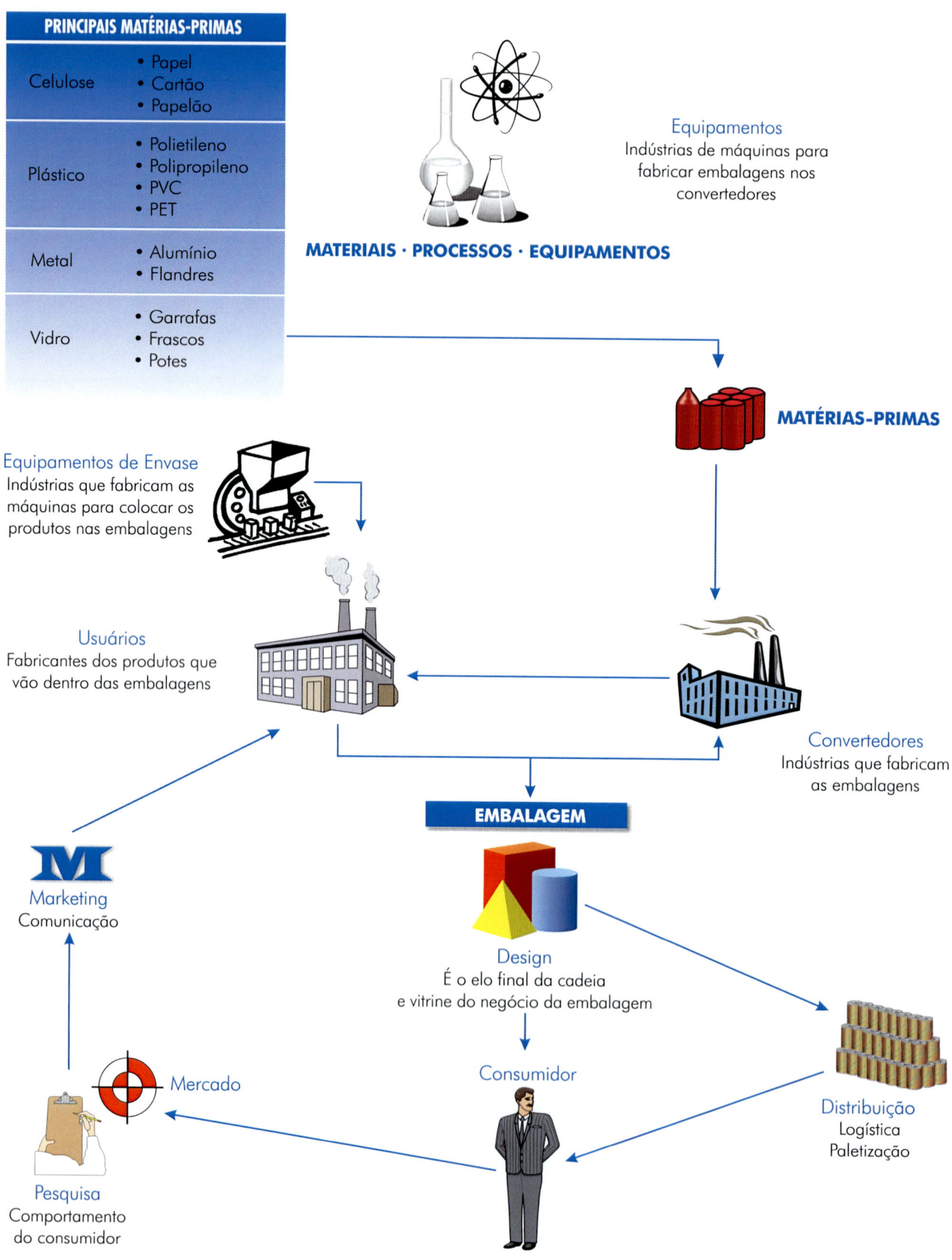

Quadro 5
Principais Tipos de Embalagens e Suas Aplicações

MATÉRIA-PRIMA	EMBALAGENS		PRINCIPAIS TIPOS DE PRODUTOS
Vidro		Garrafas Frascos Potes Ampolas Copos	Cervejas - Vinhos - Destilados - Bebidas Finas Cosméticos - Perfumes - Medicamentos Conservas - Geléias - Café Solúvel Medicamentos - Cosméticos Requeijão - Extrato de Tomate - Geléias
Celulose	• Cartão (Semi-rígido)	Cartuchos Caixas Envelopes	Farinhas - Flakes - Hambúrgueres Calçados - Eletro/Eletrônicos - Bombons Material Papelaria - Meias Femininas
	• Papelão e Papelão Microondulado	Cartonados Caixas	Leite Longa Vida - Sucos - Bebidas Lácteas Alimentos - Eletro/Eletrônicos - Frutas Embalagens de Transporte (secundárias)
	• Papel	Sacos	Carvão - Adubos - Farinha de Trigo - Sementes - Rações
Plástico	• Plásticos Rígidos	Frascos Potes Garrafas	Prod. de Limpeza e Higiene Pessoal - Cosméticos Achocolatados - Sorvetes - Shakes Álcool - Prod. Limpeza - Refrigerantes - Sucos
	• Plásticos Flexíveis	Sacos Flow Packs Envoltórios	Café - Açúcar - Arroz - Ração para Cães Macarrão Instantâneo - Salgadinhos Snacks Biscoitos - Balas - Bombons
Metal	• Alumínio	Latas Blisters Selos	Cervejas - Refrigerantes Cartelas de Comprimidos Tampas Aluminizadas de Iogurtes e Água Mineral
	• Folha de Flandres	Latas	Conservas - Leite em Pó - Tintas -
Madeira		Caixas Engradados Barris	Bacalhau - Equipamentos e Máquinas - Charutos Frutas (uva) - Verduras - Vinhos Destilados - Azeitonas
Embalagem Composta		Combinam dois ou mais materiais	Blister - Laminados - Multifolhados etc.
Tecido		Sacos de Estopa Sacos de Ráfia	Açúcar - Cereais - Batatas

O Negócio da Embalagem no Brasil

O Brasil possui uma das mais dinâmicas economias do mundo. Nosso PIB (Produto Interno Bruto) está entre os 10 maiores e, como conseqüência, o negócio da embalagem em nosso país é muito expressivo.

Para ter uma idéia das dimensões deste mercado, basta dizer que a indústria da embalagem participa com 1,3% do PIB, que é a soma de tudo o que o país produz. Um negócio que já superou a cifra de 11 bilhões de dólares de faturamento anual.

Basta dar uma volta em um hipermercado para perceber o estágio de desenvolvimento que se encontra esta atividade no Brasil, um país que está empenhado em participar da economia global e vem se esforçando para desenvolver uma estrutura produtiva cada vez mais competitiva.

A indústria de embalagem instalada no país está equipada para oferecer quase todas as soluções disponíveis no mercado internacional, pois a maioria das grandes indústrias mundiais de embalagem está presente em nosso mercado, o que nos permite dispor das últimas inovações e recursos tecnológicos.

O design de embalagem, como ocorre com a nossa propaganda, está alcançando níveis de qualidade equivalentes ao que se faz de melhor no mundo, ou seja, estamos falando de uma atividade em que a indústria, a tecnologia e a prática do design não é *subdesenvolvida,* mas se encontra integrada aos padrões mundiais.

O Brasil precisa de boas embalagens para agregar valor e melhorar a competitividade de seus produtos no mundo globalizado, e o design começa a ser compreendido como fator decisivo para o sucesso dos nossos produtos.

No bojo de todo esse movimento, as universidades estão implantando a disciplina Embalagem nos cursos de design, o que também deve contribuir para o desenvolvimento desta atividade. No momento em que escrevemos este livro, o quadro geral para o design de embalagem no Brasil é bastante promissor, pois a indústria, de modo geral, começa a ver no design um fator decisivo para o sucesso de seus negócios, o que deve levar certamente a uma maior integração destas atividades.

Quem está de alguma forma ligado ao negócio da embalagem precisa se familiarizar com o design, já que será cada vez maior a integração desta atividade com a indústria; a necessidade de trabalhar de forma conjunta levará os profissionais da indústria de embalagem, do marketing de produtos e do design a trabalharem juntos na busca de melhores soluções.

Quadro 6
Principais Mercados Mundiais de Embalagens 1995-2005

	US$ bilhões			
	1995	2000	2005	% PIB
EUA/Canadá	125,0	96,6		1,0
Japão	60,0	65,6		2,2
Alemanha	29,8	24,3	26,9	1,3
França	19,9	18,3	20,4	1,4
Itália	16,5	16,0	17,7	1,5
Reino Unido	15,0	13,1	14,7	1,2
Espanha	6,4	7,6	8,6	1,5
China	14,0			2,1
Brasil	12,6	7,1	8,7	1,3
Argentina		4,6		1,4
México	4,0	5,0		1,2
Chile	1,1	1,4	1,6	1,8
Colômbia		1,0		1,0

Quadro 7
Consumo de Embalagens no Brasil, Argentina e Chile 1998

US$ 10			
	Brasil	Argentina	Chile
Plástico	5.061	2.714	502
Papel	2.669	1.104	413
Metal	1.809	506	204
Vidro	492	276	112
Total	10.031	4.600	1.231

US$/*per capita*			
	Brasil	Argentina	Chile
Plástico	31	75,4	33,9
Papel	16	30,7	27,9
Metal	11	14,1	13,8
Vidro	3	7,7	7,6
Total	61	127,7	83,2

Fonte: Brasil Pack Trends 2005.

Implicações da Embalagem na Sociedade e no Meio Ambiente

A embalagem historicamente representou uma importante ferramenta para o desenvolvimento do comércio e para o crescimento das cidades. Conter, proteger e viabilizar o transporte dos produtos eram as funções iniciais das embalagens antigas.

Com a evolução da humanidade e de suas atividades econômicas, a embalagem foi incorporando novas funções e passou a conservar, expor, vender os produtos e finalmente conquistar o consumidor por meio de seu visual atraente e comunicativo.

A vida nas grandes metrópoles não seria possível sem a utilização intensiva de embalagens para prover o abastecimento e o consumo de seus milhões de habitantes. A conseqüência disso é que, depois de utilizada, a embalagem transforma-se em um componente do lixo urbano. É importante frisar que o principal componente do lixo urbano são os resíduos orgânicos, mas a embalagem aparece como o item de maior visibilidade, pois tem forma definida e marcas dos produtos agregados a ela, ao contrário do lixo orgânico, que é disforme e não apresenta marcas.

A preocupação com o impacto da degradação da embalagem no meio ambiente levou a indústria a estudar maneiras de reciclar os materiais da embalagem com o objetivo de reutilizá-los. A reciclagem ganhou força e vem se tornando um movimento mundial. Existe hoje uma preocupação permanente em utilizar materiais recicláveis e promover sua reutilização.

No futuro, os depósitos de lixo se transformarão em grandes fontes de matéria-prima, gerando lucros para quem os operar com eficiência. Hoje, isso já começa a acontecer. Recentemente, uma grande indústria de papel construiu uma fábrica bem perto de Nova York. Antigamente, elas eram construídas perto das florestas.

Dessa forma, a indústria de embalagens, cuja cadeia produtiva movimenta parte importante da economia dos países desenvolvidos, empregando milhões de pessoas, agora agrega uma nova e importante atividade econômica: a reciclagem.

A preocupação com o impacto das embalagens no meio ambiente deve estar presente na atividade dos designers. O conceito *design for environment* prevê a utilização de processos industriais mais limpos, a utilização de menos material e a preferência por materiais recicláveis. Acreditamos que os designers devem informar-se corretamente sobre esses temas para poder atuar de forma positiva e consciente, evitando visões pessimistas e catastróficas sobre um tema tão importante.

Quadro 8

Implicações da Embalagem na Sociedade e no Meio Ambiente

Na verdade, a embalagem não é o principal componente do lixo urbano (são os resíduos orgânicos); mas, como se trata de um lixo com marca e forma definida, ele é o que mais aparece.

O Que É Design de Embalagem

Para falarmos sobre design de embalagem, primeiro é preciso posicionar claramente sobre o que exatamente estamos falando, pois o termo design foi sendo descaracterizado com o passar do tempo e hoje é utilizado para designar coisas que não correspondem ao conceito original, servindo muitas vezes mais para confundir que explicar.

O design à qual nos referimos foi formatado como conceito e atividade de projetar objetos, impressos, tecidos, estamparia e cerâmica, tendo seu desenvolvimento acentuado com a Revolução Industrial ocorrida no século XIX.

A grande questão enfrentada na gênese do design foi projetar para a reprodução em série, apoiada por máquinas em um modo de trabalho distinto do artesanato, que era a forma de produção utilizada até então.

Essa questão foi equacionada de maneira satisfatória na Escola Bauhaus, na Alemanha, que reuniu profissionais de diversas especialidades e sintetizou o conceito como nós o conhecemos hoje. Por sua importância e influência na história do design moderno, a Bauhaus merece destaque em nossas considerações sobre o que é design.

A Revolução Industrial criou a demanda para o desenho de objetos produzidos por máquinas e isso obrigou os desenhistas a pensar o objeto de um novo ponto de vista, incluindo premissas que antes não existiam.

Como se trata de um tema muito amplo em que os vários autores que a ele se dedicaram não são conclusivos e empregam ênfases diversas na interpretação dos fatos históricos e caminhos percorridos para a constituição do design como atividade, fica difícil fixar uma posição consensual. Por isso adotaremos uma simplificação arbitrária para que os leitores que não são especializados em design possam acompanhar a seqüência da obra.

Desde o seu nascimento, o design compreende a atividade de desenhar para a indústria segundo uma metodologia de projeto que leva em consideração a função que o produto final irá realizar, as características técnicas da matéria-prima e do sistema produtivo utilizado em sua confecção, as características e necessidades do mercado e do destinatário final do produto, ou seja: o consumidor.

Tudo isso precisa ser considerado a princípio e levado em consideração no processo de desenho, para que o produto final seja compatível com os equipamentos ou máquinas utilizadas em sua produção e atenda às expectativas da indústria e dos consumidores.

No caso do design de embalagem, entra também como fator decisivo no projeto a compreensão da linguagem visual da categoria a que o produto pertence. A linguagem visual da embalagem constitui um vocabulário que os designers precisam conhecer para poder se comunicar com os consumidores. Esse é o principal diferencial do design de embalagem em relação às outras linguagens do design; existe um repertório exclusivo, construído ao longo dos séculos com a evolução do comércio e o desenvolvimento da sociedade de consumo, que dotou os produtos de uma roupagem que permite a identificação de seu conteúdo e facilita o processo de compra.

Assim sendo, podemos chamar de design de embalagem o ato de percorrer o trajeto estabelecido pela metodologia de projeto, atendendo às peculiaridades que a embalagem tem em relação aos demais produtos industriais, ou seja:

1. A embalagem é um meio e não um fim. Ela não é um produto final em si, mas um componente do produto que ela contém e que, este sim, é adquirido e utilizado pelo consumidor. Sua função é tornar compreensível o conteúdo e viabilizar a compra.

2. A embalagem é um produto industrial freqüentemente produzido em uma indústria e utilizado na linha de produção de outra com características técnicas rigorosas que precisam ser respeitadas.

3. A embalagem é um componente fundamental dos produtos de consumo, sendo considerada parte integrante e indissociável de seu conteúdo. Características da categoria em que o produto se insere, hábitos e atitudes do consumidor em relação a esta categoria precisam ser conhecidos e considerados no projeto de uma embalagem.

4. A embalagem é um componente do preço final do produto e tem implicações econômicas na empresa que precisam ser consideradas no projeto. Ela agrega valor ao produto, interfere na qualidade percebida e forma conceito sobre o fabricante, elevando ou rebaixando sua imagem de marca. A logística de distribuição e a proteção são fatores críticos em um projeto de embalagem.

5. A embalagem constitui um importante componente do lixo urbano, e questões como ecologia e reciclagem também estão presentes em um projeto de embalagem.

6. A embalagem, como suporte da informação que acompanha o produto, contém textos que devem obedecer à legislação específica de cada categoria e ao código do consumidor.

7. A embalagem é uma ferramenta de marketing e nos produtos de consumo é também um instrumento de comunicação e venda. Na maioria dos casos, ela é a única forma de comunicação de que o produto dispõe, uma vez que a grande maioria dos produtos expostos em supermercados não tem qualquer apoio de comunicação ou propaganda.

Do ponto de vista mercadológico, podemos citar os objetivos de marketing do produto como o tema principal nesta lista, pois o design de embalagem profissional está sempre ligado à área de marketing da empresa. Assim, temos os seguintes pontos relevantes a serem levantados:

1. Características e tamanho do segmento de mercado em que o produto participa.
2. Características da concorrência e sua participação no segmento.
3. Distribuição e exposição do produto com características de cada canal utilizado.
4. Público-alvo e comportamento do consumidor em relação a esta categoria de produtos.

Nesta gôndola é possível observar bebidas originárias de vários países; podemos reconhecê-las por seu design característico.
Temos o rum do Caribe, a tequila mexicana, o vermute italiano, o conhaque francês, o gin inglês...

Produzida desde o tempo do Brasil Colonial, nossa aguardente ainda não fixou um padrão visual característico, nem um lugar ao sol no mercado mundial de bebidas destiladas.
Esse é um desafio que ainda precisamos enfrentar.
O design de embalagem pode ajudar muito nessa tarefa.

5. Imagem da empresa fabricante a ser transmitida pelo produto, como aval da marca.

6. Linguagem visual da categoria a que o produto pertence.

Esses são os principais aspectos que envolvem o projeto de design de embalagem e que precisam ser considerados em sua elaboração.

Estamos falando realmente em design de embalagem quando no trabalho de projetar todos estes aspectos são considerados, estudados, equacionados e respondidos pelo desenho final. Trata-se de uma forma específica de desenhar que difere fundamentalmente do conceito de criação ou desenho artístico e tem características peculiares que o distinguem das outras variantes do design.

A famosa lata de sopa Campbell's, transformada por Andy Warhol em ícone da Pop Art.
O movimento artístico que compreendeu pela primeira vez o impacto da embalagem e sua influência cultural na sociedade de consumo.

A Linguagem Visual da Embalagem

Desde seus primórdios a humanidade necessitou conter, proteger e transportar seus produtos e para fazer isso lançou mão de embalagens. Com o desenvolvimento da sociedade e de sua atividade econômica, a embalagem foi se tornando cada vez mais importante e incorporando novas funções. Assim, os comerciantes antigos precisaram identificar o conteúdo das embalagens para facilitar seus negócios.

Com o aparecimento das empresas, os produtos precisaram conter também a identificação dos seus fabricantes, e assim por diante.

A evolução do mercado e a maior competição entre os produtos fizeram com que a embalagem se tornasse um fator de influência na decisão de compra dos consumidores e começasse a se "vestir" para agradá-los.

Nos anos pós-Segunda Guerra Mundial surgiram os supermercados, e a venda em sistema de auto-serviço estimulou os produtos a conterem a informação necessária para concretizar a venda sem o auxílio de vendedores.

Durante todo esse processo, a embalagem foi construindo uma linguagem visual própria e característica para cada categoria de produto. No início foram as faixas, as bordas rebuscadas e ornamentais, os logotipos em letras elaboradas.

Os selos, chancelas, brasões e medalhas conquistadas nas exposições comerciais da época constituíram os elementos básicos das embalagens do século passado. Nesse período, a embalagem lançava mão dos recursos gráficos disponíveis; a tipografia e a litografia eram os tipos de impressão utilizados.

Com a evolução da indústria gráfica e da indústria em geral, as embalagens foram incorporando cada vez mais recursos e efeitos visuais. A impressão em cores e a introdução da fotografia permitiram a utilização de imagens cada vez mais elaboradas.

Os elementos visuais básicos que constituíram as embalagens do século passado continuam presentes ainda que de forma modificada nas embalagens atuais. Faixas, bordas, filetes, selos, logotipos desenhados, splashes e imagens sugestivas do uso do produto continuam compondo o visual das embalagens que encontramos no mercado.

A grande modificação ocorrida com o avanço da fotografia foi a utilização de imagens produzidas de forma elaborada para despertar o apetite *appetite appeal* e o desejo de compra do consumidor.

As embalagens de alimentos exploram cada vez mais e de forma mais sofisticada a imagem do produto servido, pronto para ser degustado. No mais, os elementos antigos podem ainda ser reconhecidos em releituras modernas nas embalagens de hoje em dia, pois constituem os fundamentos da linguagem visual da embalagem.

Por volta do ano 1000 a.C., médicos egípcios embalavam remédios em recipientes de bambu rotulados, e jarros de barro gravados eram comuns na Grécia Antiga.

Com as navegações e o início da globalização, a circulação de mercadorias e a necessidade de embalagens nunca pararam de crescer.

A revolução da linguagem visual das embalagens dependeu sempre dos recursos gráficos e de produção existentes.
Com o avanço da tecnologia, da invenção e aperfeiçoamento de novos processos, os desenhistas souberam explorar e desenvolver essas novas possibilidades criando embalagens cada vez mais elaboradas.

Em 1810 o rei da Inglaterra atribuiu a patente para a preservação de alimentos a uma lata de aço apresentada por Peter Durand.
Em 1813 Bryan Bonkw e John Hall começaram a produzir latas utilizando o método criado por Durand.

A Construção da Linguagem Visual das Embalagens

As primeiras embalagens eram identificadas exclusivamente por sua forma, uma vez que não existiam recursos técnicos para a inclusão de imagens ou códigos visuais mais elaborados. A forma da ânfora ou do jarro indicava se o conteúdo era vinho ou azeite. O formato do saco e a amarração do fardo indicavam aos comerciantes antigos o que estavam transportando.

Esse momento primordial, em que a identificação do produto era feita pela forma de seu envoltório ou recipiente, constituiu um dos pilares da linguagem visual das embalagens, permanecendo até hoje como a maneira mais eficaz de identificar e agregar personalidade a um produto. O design estrutural diferenciado é um poderoso ícone que nos permite identificar instantaneamente uma garrafa de champanhe, de água Perrier ou de Coca-Cola. Permite-nos reconhecer também a diferença entre uma lata de sardinha e uma de atum sem precisar ler o que nelas está escrito.

A maneira como a embalagem foi incorporando funções, e estas foram sendo traduzidas em objetos, constituiu ao longo dos tempos um repertório iconográfico, uma espécie de vocabulário visual com características próprias: A Linguagem Visual da Embalagem.

Mas a forma estrutural, devido às limitações técnicas da época, não podia por si só identificar a variedade dos produtos existentes, passando a ser necessária a designação do conteúdo das embalagens primitivas.

Assim, ao "conter" juntou-se o "identificar", e essas duas funções com suas implicações foram sendo ampliadas à medida que o comércio e o trânsito de mercadorias cresciam.

As navegações e o surgimento das primeiras empresas dedicadas ao comércio de mercadorias em escala mundial deram um grande impulso à construção da linguagem, pois, além de se discriminar produtos, a identificação de sua origem passou a ser necessária: as peças de tecidos comercializadas pelos mercadores italianos no final do século XV já traziam rótulos com desenhos elaborados, impressos em prensas de madeira sobre papel feito à mão.

Em 1798, duas invenções levaram à popularização dos rótulos: a máquina de fazer papel inventada na França por Nicolas-Lois Robert e o princípio da litografia descoberto por Alois Senefelder, na Baváría.

Em 1830, os rótulos já eram usados largamente em todas as formas de embalagens e para os mais variados produtos, mas faltava ainda um grande passo a ser dado: a impressão em cores.

A primeira solução satisfatória de impressão em cores foi encontrada por George Baxter, que, em 1835, patenteou seu método. Em 1850, a "cromolitografia" concretizou esse sistema que predominou por 60 anos principalmente no consumo de massa que explodia com a Revolução Industrial. Essa técnica de impressão, que utilizava até 12 cores em um sistema de pontos combinados com áreas de impressão chapada, gerou rótulos de grande beleza e qualidade artística.

Ainda nessa época, a grande função dos rótulos era identificar o conteúdo da embalagem. Seu teor informativo foi incrementado com o desenvolvimento da indústria farmacêutica, cujos remédios e instruções de uso precisavam ser comunicados com precisão.

A nova técnica possibilitou a inclusão de imagens chamativas e cenas que descreviam situações em que o produto era utilizado. Os novos rótulos tornavam os produtos mais desejáveis, e os fabricantes logo perceberam que, decorados dessa forma, vendiam mais, e assim começaram a buscar maneiras de torná-los cada vez mais atraentes.

Elementos de prestígio, como brasões e medalhas, foram incorporados aos produtos; faixas, bordas e filigranas decorativas encontraram seu apogeu nesse período. A utilização de letras decorativas levou a tipologia a alcançar um alto nível artístico. Arranjos elaborados de letras desenhadas com sofisticação eram o *must* dessa época e se afirmaram definitivamente como mais um dos pilares da linguagem visual característica das embalagens, sendo encontrados em profusão, até hoje, em produtos com maior valor agregado.

Além da evolução ocorrida na impressão e nos rótulos, a Revolução Industrial, com sua onda avassaladora de progresso, desenvolveu novas tecnologias de embalagem, ampliando os horizontes e suas possibilidades de comercialização.

Um pouco antes porém, em 1815, sob o comando de Napoleão Bonaparte, o governo francês ofereceu um prêmio a quem inventasse um meio de manter os alimentos frescos por longo tempo e transportáveis por grandes distâncias, com o objetivo de alimentar seus exércitos em campanha. Nicholas François Appert venceu o concurso e tornou-se fundador da indústria de processamento de alimentos. Suas conservas alimentícias ganharam grande impulso com o aparecimento de novas técnicas e invenções. A primeira lata descartável e a tampa tipo *crown* foram inventadas nos Estados Unidos por William Painter em 1885 e 1892.

A tampa *crown* (tampinha de garrafa) veio substituir os dispositivos utilizados anteriormente pela indústria de bebidas.

A garrafa de vidro da Coca-Cola com a tradicional tampinha metálica é de 1894. Nessa época várias formas de embalar os produtos já estavam disponíveis. Além das latas e garrafas, o papel já havia-se moldado nas formas de cartuchos, caixinhas, estojos e sachês, desenvolvidos a partir da invenção do envelope em 1840.

Na virada do século, as embalagens já eram a vedete das vitrines de farmácias e armazéns e apareciam em profusão em anúncios, revistas e cartazes espalhados por toda parte. Eram as estrelas da indústria que já haviam descoberto seu poder de atrair e conquistar os consumidores.

A linguagem visual das embalagens do início do século XX já havia alcançado um grande desenvolvimento. A indústria de cosméticos e

A indústria de processamento de alimentos surgiu na França, e até hoje este país é um grande gerador de tecnologia nesta atividade.

Desde 1894 um sucesso cada vez maior. Esta é uma versão de 1946 do início da grande expansão mundial da marca.

Em 1952 a embalagem de Pó Royal já era assim, um clássico que resistiu ao tempo.

perfumaria trazia para adornar seus produtos o repertório completo do estilo art noveau, incorporando pela primeira vez de forma intencional um componente de moda, que vinculava os produtos ao que estava acontecendo no cenário artístico e cultural da época. Esse expediente foi utilizado da mesma forma nos anos 20 com o movimento Art Déco, que veio parar nas embalagens com a mesma intensidade com que influenciava as outras linguagens visuais.

Ao fim da Primeira Guerra Mundial, inúmeras marcas já estavam consolidadas e seu visual característico começava a ser transformado em ícones de marca e consumo. Até aqui, o vocabulário visual da embalagem já se constituía em linguagem, e artistas versados nesse idioma desenhavam embalagens cada vez mais elaboradas utilizando os elementos construtivos com muita fluência e segurança.

As bordas, tarjas, faixas, brasões, filigranas e vinhetas ilustrativas e uma tipologia exuberante vieram juntar-se os módulos e as imagens que agora podiam ser reproduzidas com maior fidelidade graças aos avanços das técnicas de impressão.

No início dos anos 40, a embalagem recebeu um novo elemento de comunicação visual que nos anos seguintes se tornaria uma de suas marcas registradas: o splash! Originário das onomatopéias popularizadas pelas histórias em quadrinho de super-heróis, como Capitão América e Super-Homem, os splashes eram elementos visuais chamativos que alardeavam os atributos mais proeminentes dos produtos, e nas embalagens encontraram um terreno fértil, em que se incorporaram definitivamente.

Com o fim da Segunda Guerra, uma era de ouro se apresentou. A sociedade de consumo de massas, o desenvolvimento dos meios de comunicação e da publicidade, o surgimento da televisão e a criação dos supermercados estabeleceram os padrões visuais da embalagem tal qual a conhecemos hoje.

A venda de produtos no sistema de auto-serviço obrigou a uma completa reformulação na função das embalagens. Agora não havia mais o vendedor atrás do balcão para apresentar o produto, explicar suas características e estimular as vendas convencendo o consumidor a levá-lo.

A embalagem deveria fazer tudo isso sozinha; surge a embalagem moderna.

Filha da Revolução Industrial, criada entre duas guerras, a embalagem entrava na vida adulta com o surgimento da sociedade de consumo para tornar-se um de seus maiores ícones.

Nessa época já existia um outro pilar da linguagem visual da embalagem: o *appetite appeal*. Graças ao desenvolvimento da fotografia publicitária e das técnicas de reprodução off-set e rotogravura, cenas elaboradas passaram a ser incorporadas para despertar nas pessoas o desejo de degustar o produto. O conceito de *appetite appeal* é um marco na construção da linguagem da embalagem, pois estabelece intencionalmente uma reação provocada no desejo do consumidor.

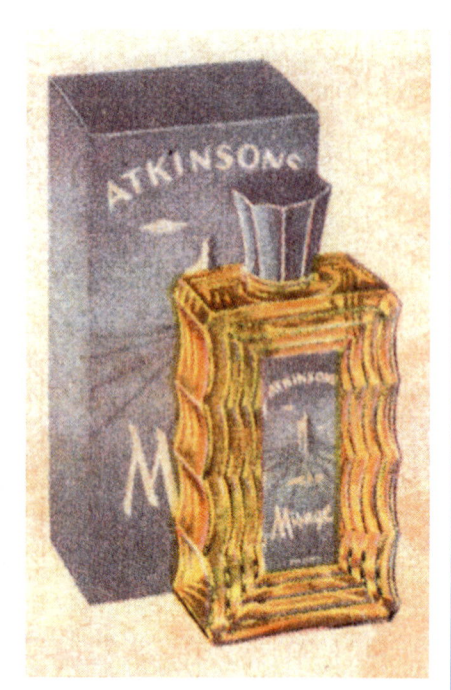

A embalagem de perfume sempre foi um espaço para a vanguarda do desenho ampliar suas possibilidades artísticas e conceituais.

Com a chegada dos supermercados, as embalagens precisavam explicar ao consumidor o conteúdo do produto. Não havia mais o balconista para fazer isso.

No começo dos anos 20 a Dupont aperfeiçoou o celofane, dando início à produção das embalagens flexíveis em filmes plásticos.

Cada vez mais sofisticadas, as cenas de produto hoje em dia exigem fotógrafos especializados e uma "produtora" de alimentos para cuidar do visual do produto e demais elementos de cena.

Nos anos 60, no auge da revolução cultural da mulher e da juventude, a Pop Art, vanguarda das artes visuais na época, percebeu o poder e a influência da embalagem na vida dos consumidores.

Com sua lata de sopa Campbell's, Andy Warhol chamou a atenção para um objeto que sorrateiramente fazia parte do mundo cotidiano das pessoas sem que elas se apercebessem disso.

Transformada em arte e ícone da cultura de massa, a embalagem também despertou as empresas e passou a ser tratada como aquilo que ela realmente é: uma poderosa ferramenta de marketing.

De lá até os dias atuais, o desenvolvimento da linguagem seguiu os mesmos caminhos da sociedade de consumo como um todo. Passou a absorver os grandes avanços tecnológicos e a incorporar as conquistas realizadas por outras disciplinas, sobretudo o Design e a Comunicação Visual.

Hoje, o design de embalagem é uma atividade complexa, que envolve, além do design e da comunicação visual, o marketing, o comportamento do consumidor e o conhecimento da indústria e da cadeia de distribuição dos produtos.

Todos os elementos citados anteriormente como parte do vocabulário visual que compõe a linguagem da embalagem continuam valendo e sendo utilizados, acrescidos de conceitos modernos como: agregar valor e significado ao produto, *emotional appeal*, *mass display*, *face lift*, impacto visual, linguagem da categoria e uma ampla terminologia específica usada no dia-a-dia da atividade.

A embalagem atual incorpora elementos da linguagem de outras áreas, acompanha a moda e as tendências culturais e sociais e responde às premissas de marketing do produto. Campanhas de fidelização de clientes, de construção da imagem de marca, divulgação da linha de produtos, ações promocionais de *sampling* e muitas outras são desenvolvidas a partir das embalagens que passaram a funcionar como uma mídia dirigida aos consumidores efetivos do produto.

A Internet com o seu e-commerce, o meio ambiente, a reciclagem e a globalização são algumas das questões que afetam o futuro das embalagens, exigindo novas atitudes de todos os envolvidos com este tema.

Uma personagem importante da sociedade atual e componente fundamental na vida das empresas que produzem produtos de consumo, a embalagem continuará desempenhando as funções que ela foi agregando ao longo de sua história.

Conter, proteger, identificar, expor, comunicar e vender o produto são as tarefas que a embalagem moderna precisa desempenhar com eficiência para fazer o produto existir em um cenário cada vez mais competitivo.

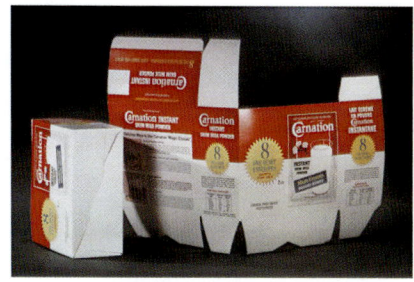

Na embalagem moderna, os splashes desempenham um papel importante tanto informativo como estético.

É a marca registrada da linguagem visual da embalagem.

O *appetite appeal* visto aqui em grande estilo só foi possível com o desenvolvimento da fotografia e da impressão em cores. Mas logo se tornou um recurso fundamental nas embalagens de alimentos.

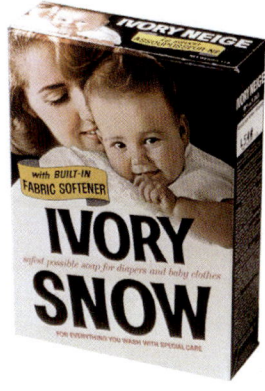

O *emotional appeal* é o irmão gêmeo do *appetite appeal* e muito utilizado em *personal care* e produtos pessoais ligados à personalidade e à moda.

Cigarro Hollywood.
Um clássico da embalagem brasileira em 1951.
Os cigarros ocupam o topo da batalha pela percepção. Poucos produtos dependem tanto de sua imagem para competir no mercado. Sua embalagem é o ícone de seus significados.

Nas latas de alumínio, o trabalho do designer se concentra no grafismo, pois a tecnologia já está definida e tem parâmetros que precisam ser obedecidos.
Variações exigem uma grande escala de produção.

Entendendo Melhor a Embalagem

Ao longo de sua evolução, a embalagem acompanhou e contribuiu para o desenvolvimento da indústria e da sociedade de consumo como um todo, afinal os supermercados se tornaram possíveis porque havia embalagens, as quais foram capazes de substituir o vendedor com seu design e conteúdo informativo, viabilizando o auto-serviço.

Com o advento do marketing, as empresas começaram a perceber todo o potencial das embalagens e sua importância nos negócios e na comunicação. Hoje, todos sabem que o bom design de embalagem é fundamental para o sucesso de um produto, tornando-se uma atividade altamente especializada por dominar um conjunto de disciplinas que incidem sobre o produto e na sua relação com o consumidor.

A embalagem é item obrigatório nos produtos de consumo. Explorar ao máximo seu potencial é o melhor negócio que uma empresa pode fazer hoje em dia, sobretudo porque para o consumidor "a embalagem é o produto". Ele não separa o conteúdo da embalagem. Na verdade, ela é o veículo que permite ao produto chegar ao consumidor. Após o consumo, ela vai para o lixo, pois cumpriu sua missão.

A grande força da embalagem está no fato de o marketing ser uma batalha de percepção e não de produtos. Nesse sentido, a embalagem tem o poder de fazer com que o produto seja percebido de uma certa maneira, agregando a ele novos valores e significados.

Os profissionais de marketing e de propaganda precisam conhecer as premissas básicas do design de embalagem para poder aplicá-las aos produtos que estão sob sua responsabilidade, ou perceber deficiências que possam prejudicar o melhor desempenho desses produtos no ponto de venda.

Como o Design de Embalagem Funciona

Ao falarmos de produtos de consumo, a embalagem, neste caso, precisa cumprir as funções de armazenagem, proteção, transporte e exposição. As duas primeiras são técnicas e, portanto, têm seus processos de envase e embalamento previamente definidos pelo cliente. Sendo assim, a influência do designer, nessas etapas, é limitada.

Concentremo-nos então naquilo que é missão do design, ou seja, a exposição do produto, a comunicação dos atributos de seu conteúdo e, principalmente, a utilização da embalagem como instrumento de venda.

Em primeiro lugar, precisamos entender como se dá o processo de venda do produto por meio da embalagem. Para isso, é importante frisar que apenas uma pequena parcela (menos de 10%) dos produtos expostos em um supermercado tem apoio de propaganda. O restante se vale exclusivamente da embalagem para conquistar o consumidor.

Em um supermercado, o consumidor está sempre em movimento conduzindo seu carrinho entre gôndolas "cada vez mais" cheias de produtos. A embalagem precisa chamar a atenção para a sua existência. Essa é a primeira missão do design, pois, se o produto não for notado nesse momento, todo o esforço do fabricante e do próprio designer terá sido em vão.

O mesmo é válido para outros tipos de estabelecimentos que funcionam no sistema de auto-serviço. Uma vez que a embalagem tenha cumprido sua primeira missão e chamado a atenção do consumidor, o design precisa oferecer rapidamente (em poucos segundos) uma informação direta sobre o que é o produto, o que ele faz e a quem ele se dirige. O produto precisa dizer "eu estou aqui, eu sou o xampu para lavar seus cabelos e eu fui feito para você". Essa mensagem faz com que o consumidor, caso seja receptivo a seu conteúdo, considere a possibilidade de comprar o produto. Uma boa embalagem deve ser capaz de cumprir com eficiência, no mínimo, essas duas missões.

A terceira missão da embalagem é a de transmitir ao consumidor os apelos complementares do produto para fechar a venda, ou seja: "eu sou um xampu com ingredientes que fazem bem ao seu cabelo, vão embelezá-lo e eu sou para cabelos secos". Nesse momento se todas as informações encontraram eco no consumidor e atenderam às suas necessidades e desejos, um último obstáculo se apresenta ante o fechamento da venda: o produto precisa "parecer valer" o que está sendo cobrado por ele ou mais.

Resumindo, a embalagem precisa:

❑ Chamar a atenção.
❑ Transmitir a informação básica para a compreensão do que está sendo oferecido.
❑ Ressaltar os atributos complementares do produto.
❑ Agregar valor ao produto.

Tudo isso precisa ser feito de maneira sedutora, de forma que encante o consumidor, conquistando sua simpatia e seu entusiasmo.

Ninguém quer comprar produtos "sem graça". Muitas vezes o consumidor precisa fazer economia e opta pelo preço baixo. Porém, na maioria das categorias importantes os produtos líderes não são os mais baratos e muito menos os que têm embalagens ruins. Outro fator importante a ser lembrado é que, a partir da embalagem, o consumidor forma uma imagem muito forte da empresa que o fabricou, sendo, portanto, um instrumento de construção da marca em seu sentido mais completo.

A Embalagem Como Ferramenta de Marketing

A partir do momento em que a embalagem já existe e está cumprindo bem suas funções citadas anteriormente, surge a grande oportunidade de trabalho para os profissionais responsáveis pelo produto, pois, a partir da embalagem, pode-se desenvolver uma série de atividades de marketing utilizando o canal de comunicação direto que ela então estabelece com seus consumidores.

Em primeiro lugar, a embalagem é uma mídia extremamente dirigida, pois atinge com precisão telescópica o consumidor do produto, indo parar em

O consumidor está em movimento e o produto precisa ser visto. O resto vem depois disso. Se ele não vir o produto, nada mais acontece.

O consumidor é humano, deseja o melhor, o mais bonito e o mais atraente. Ele só não compra o produto por motivos que vão da falta de poder aquisitivo à preferência afetiva. Ninguém prefere o feio; a embalagem precisa também seduzir e agregar valor ao produto.

Sempre que o produto tiver um slogan publicitário, ele deve ser incluído na embalagem. Não é uma "BOA IDÉIA"?

Imagens e cenas do universo publicitário criadas para o produto podem ser incluídas ou produzidas especialmente para aparecer na embalagem.

Incrível! Podemos transformar a própria embalagem em um anúncio.

sua casa. Em segundo lugar, como oportunidade de exposição, pois, mesmo que o consumidor não compre o produto, a oportunidade de vê-lo no ponto de venda é grande. Além disso, a embalagem pode ser utilizada para construir a recompra do produto.

Apresentaremos a seguir uma série de ações que podem ser realizadas a partir da embalagem.

Fazendo Propaganda na Embalagem

É incrível como ainda hoje empresas que investem grandes recursos na comunicação de seus produtos não estabelecem nenhuma ligação entre essa comunicação e a embalagem dos produtos anunciados. A embalagem pode e deve servir como apoio de mídia para a propaganda, quando ela existir, ou assumir esta tarefa quando a empresa não tiver recursos para investir.

O primeiro passo nesse sentido é incluir uma chamada publicitária. O produto tem um slogan? A legislação não impede que ele seja impresso na embalagem desde que não faça afirmações descabidas ou que não sejam comprováveis.

O verso da embalagem pode ser utilizado como espaço de mídia. O Bom Bril está utilizando essa área para fazer anúncios de outras empresas, pois descobriu que sua penetração nos lares brasileiros beira os 100%.

As garrafas de refrigerante de 2 litros têm um enorme rótulo a ser explorado, mas quase sempre repetem o painel frontal, jogando fora a possibilidade de veicular milhões de mensagens sem custo a mais. A Coca-Cola 2 litros podia anunciar a Fanta no verso, por exemplo.

Os cartuchos de papelcartão são excelentes para veicular folhetos anunciando outros produtos da linha ou campanhas de vários tipos. Milhões de folhetos iriam parar direto na casa dos consumidores sem pagar a postagem e com um índice zero de extravio.

Essas são apenas algumas idéias. Na verdade, a embalagem é uma mídia gratuita que precisa ser explorada. Seu público-alvo é definido com precisão e seu custo de veiculação é muito baixo.

Conversando com o Consumidor

Como já dissemos, a partir da embalagem o consumidor forma imagem da empresa. Ele "vê" a empresa através da embalagem. Nada mais natural que a empresa converse com ele, incluindo na embalagem tudo o que ela tem para comunicar. Assim, se a empresa fez aniversário importante (50 anos), se ela ganhou um prêmio, apoiou uma campanha ou entidade, lançou um novo produto, construiu uma nova fábrica, bateu recordes, adotou uma nova tecnologia, tudo isso pode aparecer na embalagem. O consumidor vai gostar de saber. Ele gosta do produto, por isso o consome.

Agregar informações ao produto mostra que a empresa e o produto têm o que dizer: receitas, dicas e informações úteis são sempre bem-vindas e valorizadas. Campanhas institucionais também têm boa acolhida.

Fazendo da Embalagem Algo Especial

O que o consumidor compra e irá consumir é o produto. A embalagem é apenas o veículo que faz o produto chegar até ele, mas não é assim que ele vê. Como a "embalagem é o produto", podemos fazê-la ir mais além, constituindo-a em um objeto de desejo em si. Por exemplo, embalagens para serem colecionadas, como a série dos cigarros Camel e os copos de requeijão com motivos decorativos impressos. Outros exemplos são as embalagens utilitárias, adoradas pelas consumidoras; os estojos de Whisky, pelos homens; edições especiais e comemorativas como a camiseta Hering Gold em estojo metálico especial; e catupiri em caixa de mogno, e assim por diante.

Uma marca de isotônico lançou uma série especial com imagens do campeonato de surfe que patrocinou. Patrocinou? Põe na embalagem!

Não podemos nos esquecer das miniaturas, figurinhas, brinquedos e utilidades que ficaram famosos ao serem incluídos nas embalagens.

Mas, talvez, a grande oportunidade para o trabalho de marketing esteja nas embalagens promocionais, que são um capítulo a parte na gestão das empresas.

A Força das Embalagens Promocionais

A utilização da embalagem de forma promocional constitui ótima oportunidade de negócios para as empresas. As datas comemorativas como o Dia das Mães, dos Pais, Namorados, Natal, Páscoa, e assim por diante, formam a espinha dorsal do calendário promocional. Existem ainda o Carnaval, a Olimpíada, a Copa do Mundo e outros eventos.

Nessas ocasiões, as empresas têm a oportunidade de criar embalagens para aproveitar o clima de festa e o impulso de compra criado pelo ambiente, apresentando-se ao consumidor com muito mais força do que as embalagens regulares que estão à vista no dia-a-dia.

Além de aumentar significativamente a venda do produto, as embalagens promocionais funcionam como ações refrescantes e revitalizadoras da imagem do produto que por algumas semanas assume nova roupagem, mostrando a seus consumidores que está vivo e atuante.

Esse conceito também é transferido para a empresa fabricante do produto, que, com as embalagens promocionais, demonstra sua capacidade operacional e, principalmente, transmite a seu público uma imagem simpática que acompanha os momentos especiais de suas vidas.

A operação de embalagem na linha de produção é uma atividade complexa que envolve logística, estoque e fornecedores. Por isso, para atuar promocionalmente e beneficiar-se com seus bons resultados, as empresas precisam montar com antecedência um calendário que permita disparar o processo com o planejamento necessário a cada ocasião.

Esta embalagem associou o produto a um evento que diz muito ao perfil de seus consumidores, criando ao mesmo tempo uma imagem especial para ele.

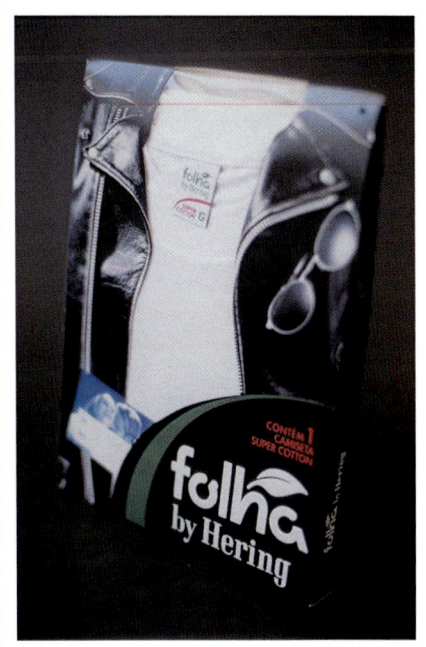

Especialmente criada para o Dia dos Namorados, esta embalagem trazia impresso um cartãozinho de/para. Um presente prático, no estilo de seus consumidores e pronto para presentear.

A virada do milênio foi uma data especial para a produção de embalagens promocionais.

Manter um programa de lançamentos sistemáticos de embalagens promocionais é uma forma eficiente de promover constante alavancagem de vendas dos produtos a partir de um item que é obrigatório, e, portanto, um recurso que a empresa já utiliza regularmente.

Há uma grande oportunidade de negócios para as empresas que se dispuserem a utilizar suas embalagens como verdadeira ferramenta de marketing. Basta apenas que se mobilizem para isso. As formas mais simples de fazer promoção a partir da embalagem são:

- Efemérides.
- Calendários promocionais.
- Eventos.

Ao vincular a embalagem às datas importantes, a empresa e seus produtos beneficiam-se de todo o investimento feito pelas instituições participantes, da cadeia de distribuição, do comércio como um todo e da grande repercussão dada pelos veículos de comunicação. É como embarcar em uma grande onda e fazer parte de um grande espetáculo de consumo.

As embalagens criadas exclusivamente para esses eventos encontram-se em um cenário que as valoriza, impulsionando-as ainda mais.

Oferecendo "Mais" Além do Produto Convencional

Esta é a forma de tirar o produto da vala comum. Pode-se oferecer mais produto (+10%, +100 g), ou utilizar promoções como: compre 2 e leve 3; este é grátis; ganhe brindes; amostra grátis; ganhe outro produto para experimentar; ganhe desconto, prêmios; concorra, e assim por diante.

Dessa forma, o produto se destaca, sai da versão *standard*, cria um assunto para comunicar e, com isso, chama a atenção e promove a compra por impulso.

Multipacks, kits, refil, tamanhos-família são formas de vender mais produtos em uma única compra do consumidor, ao mesmo tempo em que conquistam mais um ponto de exposição para o produto normal.

Os multipacks são um capítulo a parte. Sempre que a versão multipack for recomendada e tecnicamente viável. Ela deve ser usada pois, além de todas as vantagens, é uma ótima oportunidade de comunicação no ponto de venda por seu tamanho e superfície.

Conclusão

A embalagem é uma poderosa ferramenta de marketing e, quando bem conduzida, pode tornar-se um fator decisivo no ponto-de-venda. Isso acontece porque a embalagem é item obrigatório do produto e, pelos motivos já expostos até aqui, pode e deve ser utilizada em todo o seu potencial.

A própria embalagem do produto pode ser um brinde, além de conter jogos, adesivos e outras ofertas que os consumidores adoram.

O professor Francisco Gracioso da ESPM afirmou em um de seus artigos: "Se eu fosse um gerente de marketing e tivesse um único cartucho para gastar com meu produto, eu o gastaria com a embalagem".

Como ferramenta de marketing, a embalagem pode realizar as seguintes ações:

1. Tornar o Produto Mais Competitivo

- Obtendo vantagem no ponto-de-venda com um visual mais chamativo.
- Destacando algum atributo do produto que o coloque em vantagem.
- Aumentando o valor percebido do produto.
- Agregando significado ao produto que o torne mais simpático e desejável de forma que ofereça algo que o concorrente não esteja oferecendo.

2. Ser um Eficiente Meio de Comunicação

- Comunicando promoções, descontos, lançamentos etc.
- Fazendo propaganda do próprio produto, de sua linha e até da própria empresa.
- Oferecendo kits de produtos combinados (compre 2 e leve 3 ou compre dois A e leve um B.
- Servindo de veículo de marketing direto, incluindo folhetos, cupons, brindes e outras informações dentro da embalagem. Além de muitas outras formas de comunicação.

3. Inovar

A inovação em embalagem é um poderoso recurso de marketing. Novos materiais, novos processos de rotulagem, novos sistemas de abertura, de dosagem, de exposição são diferenciais de impacto ao consumidor. Incorporar novas linguagens, recursos visuais, romper com a linguagem da categoria em que o produto compete são ações poderosas contra as quais resta à concorrência um único recurso — correr atrás. Esse é um fator decisivo no novo cenário competitivo.

Um show de embalagem.
O personagem-símbolo do produto está oferecendo o novo lançamento da empresa, que aproveitou a embalagem de Sucrilhos para fazer uma ação de *sampling* ao mesmo tempo em que promoveu o produto oferecendo um brinde. A embalagem toda é supercomunicativa e vibrante.

A combinação de um copinho de papel virado de cabeça para baixo com uma tampa plástica *flip top* gerou esta embalagem inovadora e surpreendente.

Desenhando para o Marketing

O objetivo dos produtos de consumo é conquistar a preferência dos consumidores e, para conseguir isto, precisam vencer na competição direta seus concorrentes nos pontos-de-venda.

Conduzir um produto na ponta da competição de mercado é uma tarefa que hoje em dia exige o trabalho de profissionais especializados em uma série de disciplinas agrupadas em torno do marketing.

O design de embalagem é uma dessas disciplinas que estão a serviço do marketing, integrando o arsenal utilizado pelas empresas para tornar seus produtos mais competitivos e desejáveis.

Depois de entender de desenho, linguagem visual e tecnologia básica da embalagem, a coisa mais importante que os designers precisam conhecer, estudar e se aprofundar é o marketing, pois é para ele que o design de embalagem trabalha.

Portanto, a convivência com os princípios, com a terminologia e com os procedimentos do marketing acontecerá o tempo todo no desenvolvimento dos projetos. Sem estar familiarizado com isso, o designer não conseguirá compreender os objetivos mercadológicos do produto e não desenhará embalagens que realmente ajudem a alcançar estes objetivos.

O primeiro que precisamos compreender é que *o marketing é uma batalha de percepção, não de produtos*. A maneira como o consumidor percebe o produto e a posição que ele ocupa na mente desse consumidor é o que realmente importa. Nessa batalha, a embalagem e seu design gráfico e estrutural são o principal responsável pela percepção gerada pelo consumidor e um dos instrumentos por meio do qual o produto acaba se fixando em sua mente, fazendo com que ele seja lembrado e considerado na hora da compra. Muitas vezes a embalagem consegue construir uma imagem tão forte que chega a se transformar em um ícone do produto e receptáculo de seus principais significados.

Alguns aspectos importantes que devem estar sempre na mente dos designers é que a embalagem é uma importante ferramenta de marketing e pode ser o fator decisivo para o sucesso do produto, fazendo com que ele seja percebido de forma positiva e valiosa para o consumidor. Pode principalmente ser um fator de diferenciação do produto, pois, no novo cenário competitivo, a globalização, a hipercompetição e a similaridade tecnológica estão fazendo com que cada vez haja mais produtos, e produtos cada vez mais similares em atributos e características técnicas. Nesse cenário, as embalagens precisam buscar a diferenciação do produto por meio da inovação e da evolução permanente de sua linguagem visual.

Inovação em design de embalagem não significa necessariamente soluções mirabolantes, mas uma atividade do dia-a-dia, que recorre à indústria, aos materiais, a novos dispositivos e processos para apresentar algo que seja novo na categoria em que o produto compete.

Os profissionais de marketing têm objetivos a cumprir e precisam do apoio de especialistas que os ajudem a conquistar e manter suas posições, por

A BATALHA PELA PERCEPÇÃO

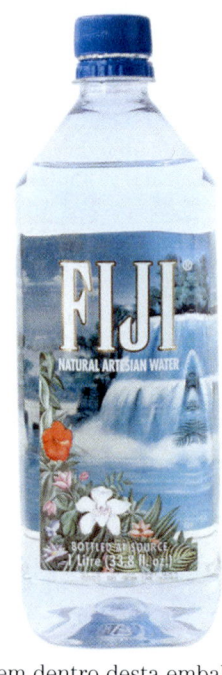

O que tem dentro desta embalagem é água. E nem mineral é. O texto diz: *Natural artesian water* (água de poço artesiano). No entanto o efeito do rótulo frontal associado ao contra-rótulo, colado à imagem da cachoeira e virado para dentro, podendo ser visto através da água, é sensacional.

isso os designers precisam ser capazes de compreender as necessidades desses profissionais e interagir com eles na execução desses objetivos.

Desenhar para o marketing é estar sintonizado com a evolução do mercado e da atividade das empresas que utilizam embalagens para poder contribuir e participar desta evolução.

Os designers precisam ler e estudar Marketing para acompanhar o que está acontecendo nesta disciplina, pois, afinal, nós desenhamos para o Marketing.

Entendendo Melhor o Produto

▶ *Um produto é uma entidade complexa, e a embalagem, um componente fundamental desta entidade.*

Um produto é uma entidade complexa e, assim, precisa ser compreendido.

São muitos os fatores que concorrem para a existência de um produto: matéria-prima, processo de fabricação, embalagem, nome, marca do fabricante, comunicação, canais de distribuição, preço, promoção, propaganda, e assim por diante.

Um produto tem implicacões econômicas, culturais, ambientais e exerce influência nos hábitos e atitudes dos consumidores. É percebido pelos seus significados, evoca imagens e sentimentos. Os produtos dizem muito sobre as pessoas que os consomem, e as pessoas buscam nos produtos a afirmação de sua personalidade e valores, e também a aceitação social.

Por tudo isso podemos dizer que compreender a amplitude e o significado dos produtos não é tarefa fácil, mesmo as empresas mais avançadas do mundo nem sempre sabem exatamente o que fazer para garantir o sucesso de seus produtos; elas recorrem a pesquisas e consultorias especializadas para entender o que está acontecendo com o mercado, com o consumidor e com a categoria em que o produto compete, e, apesar disso, existem produtos dessas empresas que fracassam.

A parte que nos interessa diz respeito à participação da embalagem na construção da imagem e do valor percebido de um produto. Consideramos a embalagem um componente fundamental do produto devido à sua participação em diversos aspectos.

Em primeiro lugar, por ser um componente do custo de produção, havendo casos (perfumes, bebidas finas, água mineral) em que a embalagem custa mais do que o líquido que ela contém.

Em segundo, porque para o consumidor a embalagem e o que ela contém são uma única coisa. Podemos dizer que na visão do consumidor a embalagem "é" o produto.

Em terceiro, a embalagem é o principal instrumento de comunicação de um produto. Ela é uma mídia permanente, comunicando o produto mesmo quando o consumidor não o compra, e na maioria das vezes é o único recurso de que um produto dispõe para competir no mercado.

Tudo se encaixa e se integra nesta embalagem; uma entidade complexa e muito bem-resolvida. O conteúdo é água flavorizada com pedacinhos de gelatina com densidades variadas.

Esta embalagem reforça o caráter internacional do produto e informa ao consumidor nacional que ele está adquirindo algo que é exportado para o mundo todo.

E, finalmente, a embalagem é uma poderosa ferramenta de marketing para promover a venda do produto e construir a imagem da marca, tanto do produto quanto do fabricante, na mente do consumidor.

Conhecer o mais profundamente possível a natureza e o significado do produto é de fundamental importância para o trabalho do designer. Precisamos compreender o produto, em toda a sua complexidade para poder desenhar a embalagem como parte e expressão "verdadeira" do produto, e não apenas como um acessório decorativo do conteúdo. Essa compreensão faz a diferença entre desenhar uma embalagem e desenhar um produto.

A Embalagem É Expressão e Atributo do Produto

A embalagem dos produtos de consumo é compreendida por meio de sua função de proteger e transportar, na verdade sua função de comunicação e ferramenta de marketing faz com que ela seja ao mesmo tempo expressão e atributo do conteúdo.

O design da embalagem transmite ao consumidor informações que podem encantar, despertar simpatia e fazer com que um conjunto de ingredientes levados ao forno, por exemplo, evoquem lugares, sensações, épocas e acontecimentos.

Pode também fazer com que o produto pareça valer muito mais do que está custando. É o que chamamos de "agregar valor ao produto". Para o consumidor, um produto com design requintado e cheio de filigranas não parece apenas valer, mas de fato vale mais, pois o design é um valor genuíno que se incorpora ao produto e não apenas um acessório adicional agradável.

Quando se desenham embalagens é preciso levar em consideração que o resultado final do trabalho do designer resulta em expressão e também em atributo do produto, o que aumenta a responsabilidade de quem se dedica a esta atividade.

Precisamos fazer com que nosso trabalho se incorpore de tal forma ao produto que passe a construir um componente de valor que o consumidor perceba e valorize.

Dá pra imaginar este cigarro em uma embalagem que não seja esta? Será que ele vai ter o mesmo sabor?

As marcas próprias dos supermercados estão aumentando muito sua participação no mercado, mas ainda tem o desafio de apresentar a seus consumidores fiéis embalagens que transmitam sua preocupação em oferecer produtos que receberam o mesmo tratamento dedicado aos produtos das marcas líderes. Esta embalagem é um exemplo de marca própria que demonstra esta preocupação.

Promovendo Vendas a Partir das Embalagens Existentes

Ao caminharmos pelos supermercados, encontramos uma série de exemplos de produtos em promoção.

Há algo acontecendo na embalagem que chama a atenção do consumidor e a torna diferente das embalagens regulares. Este algo a mais constitui um apelo extra que faz do produto uma ferramenta de marketing no ponto de venda.

O uso da embalagem como suporte de ações promocionais alavanca as vendas do produto em percentuais elevados, havendo casos conhecidos em que o fabricante tem dificuldades em atender a súbita elevação de consumo dos produtos promovidos.

Todos os designers devem sugerir a seus clientes ações promocionais e de marketing que passem a ser feitas utilizando a embalagem. Não esperem o cliente pedir, tenham sempre alguma idéia ou sugestão para oferecer. Os clientes sempre olham com bons olhos idéias que proponham aumentar a venda dos seus produtos. Observem alguns exemplos encontrados nos supermercados.

Nas embalagens destinadas ao público infantil, a inclusão de personagens, brindes, jogos, brincadeiras, adesivos, figurinhas e coisas desse gênero constituem atrativo extra para a venda do produto.

Os personagens podem ser licenciados dos já existentes ou criados exclusivamente como neste caso.

Receitas no verso da embalagem. A consumidora adora, e ajuda a intensificar o relacionamento dela com o produto.

Promover os outros produtos da empresa, um novo sabor ou um novo lançamento. Esta ainda incluiu o slogan e uma foto publicitária.

Acoplamentos de produtos aumentam a venda chamam a atenção do consumidor e servem para divulgar lançamentos.

Um bom exemplo de acoplamento. Compre 3 latas de salsicha e ganhe uma primavera de legumes.

Esta vinculou o produto às festas juninas, deu 40 g grátis e uma receita própria para a época.

Além do molho de carpaccio, o consumidor ganha uma receita exclusiva.

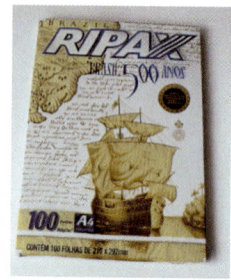

Todo grande evento é uma oportunidade para se fazer uma embalagem promocional e integrar a empresa na comemoração.

Não precisa juntar nem recortar. O brinde tem tudo a ver com o produto e está à vista do consumidor. É só pegar!

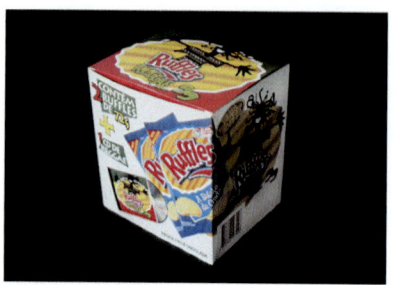

Prêmios e brindes promovem a experimentação do produto e todo mundo gosta. Também fornecem assunto para campanhas publicitárias.

Podem-se fazer mil e uma coisas no verso da embalagem, até vendê-lo como mídia para outra empresa, ou trocá-lo por propaganda.

O tipo de promoção ideal: um produto completa o outro, pois os dois trabalham juntos.

Grande idéia, o *splash* redondo avisa ao consumidor que a embalagem vai mudar e mostra até a foto da nova.

Multipacks devem ser sempre promocionais. Os de cerveja e refrigerantes são ótimos espaços para vincular o produto à campanha promocional, ou mesmo para se criar uma.

Estas são embalagens promocionais. Colocadas ao lado das garrafas, elas chamam a atenção e aumentam o apelo de vendas.

Séries especiais e edições limitadas criam um novo atrativo para o produto.

Embalagem promocional também é cultura e pode comunicar os eventos que a empresa patrocina.

O Consumidor e a Embalagem

O ponto de partida para um projeto de design de embalagem é conhecer o público ao qual o produto se dirige. As empresas de ponta no mercado desenvolvem programas de pesquisa para conhecer cada vez mais e melhor o consumidor.

Cada categoria de produto tem suas características próprias, e com relação a elas os consumidores desenvolvem uma série de hábitos e atitudes. Além disso, as empresas estão interessadas em saber o que faz com que pessoas diferentes acabem tomando decisões semelhantes e escolhendo produtos iguais.

Tudo isso acontece porque muitos produtos fracassam já no lançamento ou entram em decadência em algum momento de sua existência, e as empresas precisam garantir o sucesso e a continuidade de seus produtos e pesquisar para obter informações que as ajudem a alcançar este objetivo.

A pesquisa especificamente voltada para a embalagem serve para orientar a tomada de decisão no lançamento de um novo produto ou modificação de produtos já existentes. Busca também aferir aspectos relativos à percepção do consumidor quanto a detalhes significativos da embalagem, para saber, por exemplo, se ele está captando corretamente a informação necessária para a compreensão da finalidade do produto.

É comum ocorrer de o produto ser compreendido pelo consumidor de forma equivocada devido a deficiências de informação no design da embalagem. Existem produtos que fracassam porque o consumidor não consegue compreender para que servem ou como utilizá-los corretamente. Nesses casos a pesquisa identifica onde está ocorrendo o problema e, muitas vezes, até aponta o que e como deve ser corrigido.

Para conduzir o trabalho de pesquisa, existem empresas especializadas que são contratadas pelos fabricantes. Elas utilizam metodologias específicas para cada tipo de investigação, e por seu trabalho muito já se conhece sobre o consumidor e sua relação com a embalagem.

Os designers que atuam nesse segmento devem conhecer o melhor possível o público ao qual se dirige o produto e solicitar sempre ao cliente o fornecimento das pesquisas que este possuir. Também deve saber se a embalagem que está desenhando será testada antes do lançamento. Quando estiver desenhando produtos consagrados, e o resultado do trabalho resultar em modificações significativas no seu visual, o designer deve sugerir que se teste a nova embalagem antes de lançá-la no mercado.

O comportamento do consumidor diante da embalagem é cheio de sutilezas que podem enganar até os designers mais experientes. A pesquisa da embalagem é sempre uma forma de tomar decisões mais seguras e principalmente de saber mais sobre o produto, sobre a embalagem e sobre o consumidor.

CHECK-LIST DO CONSUMIDOR

O que precisamos saber sobre ele para desenhar uma embalagem.

- **Identificação**
    - Quem é/qualificação
    - Sexo
    - Idade
    - Classe de renda (A, B, C, D...)

- **Hábitos e atitudes**
    - Como compra
    - Por que compra
    - Como se comporta em relação à categoria do produto

- **Tentar descobrir**
    - Por que compraria nosso produto

A Importância da Pesquisa

Sempre que possível em projetos importantes, devemos recomendar a nossos clientes que façam pesquisas de seus produtos e embalagens. Isso porque a pesquisa, além de orientar com maior segurança a tomada de decisões, oferece uma oportunidade para se saber mais sobre o produto, a embalagem, o mercado e o consumidor.

O conhecimento sobre esses componentes é fundamental para uma conclusão vitoriosa do projeto.

Na tomada de briefing, deve-se perguntar ao cliente se ele dispõe de pesquisas. Mesmo que sejam antigas, o designer deve lê-las, pois as informações sempre são úteis.

Devemos também perguntar se a embalagem a ser desenvolvida será submetida à pesquisa. Em caso positivo, o designer deve reunir-se com os responsáveis pela pesquisa para saber quantas opções de embalagem deverão ser produzidas e quais aspectos deverão ser avaliados com os consumidores.

Em uma pesquisa não se pode apresentar uma única opção de embalagem, mas no mínimo várias opções. As opções devem avaliar aspectos diferentes para que os consumidores possam se posicionar em relação a elas.

Uma forma comum de condução, quando se trata de mudança de embalagem já existente, consiste em dispor a evolução em passos: pequena mudança, média e grande mudança. Assim, podemos avaliar até onde o consumidor aceita mudar o produto.

Sempre que possível, o designer deve acompanhar a pesquisa no local, pois há sempre uma ótima oportunidade de aprendizado nessas ocasiões.

A partir das conclusões da pesquisa são feitos os ajustes sugeridos, e a embalagem está pronta e muito mais próxima dos desejos do consumidor.

Embalagens com os rótulos produzidos especialmente para a pesquisa com grupos de consumidores. Muitas vezes as diferenças são sutis mas mesmo assim são percebidas pelos consumidores.

COMO FUNCIONA A PESQUISA

- **Instituto de pesquisa**

↓

- **Metodologias de pesquisa**
  - Qualitativa: discussões em grupo
  - Quantitativa: entrevistas, questionários
  - Outras técnicas:
    - Simulações em gôndola
    - Flagrante de compra
    - Eye catching
    - Mercado teste

- **Objetivos e utilizações da pesquisa**
  - Testar a receptividade de um novo produto ou nova embalagem.
  - Avaliar o grau de mudança em embalagens já existentes.
  - Checar possíveis falhas, deficiências ou possibilidades de melhoria na embalagem.
  - Avaliar mudanças na categoria, na concorrência ou na introdução de novas tecnologias e novas embalagens.

A Importância do Bom Design de Embalagem

A embalagem que encontramos no comércio é fruto de uma complexa cadeia produtiva e envolve atividades pós-industriais, como logística, distribuição, design, marketing, comportamento do consumidor, pesquisas, ações promocionais e de ponto-de-venda. Todas essas atividades são canalizadas para um único objetivo: disponibilizar os produtos aos consumidores de forma competitiva.

Se analisarmos detalhadamente todo o processo, descobriremos que o design está presente desde a forma estrutural e gráfica da embalagem enquanto produto industrial na cadeia produtiva, como componente técnico e de custo dos produtos embalados, até o objeto do trabalho do marketing, pesquisa e promoção.

Quando se defronta com um produto no mercado, o consumidor considera a embalagem parte integrante e indissociável deste produto, que constitui para ele uma única entidade.

Como sabemos, ao longo do tempo a embalagem foi acumulando funções e trabalhando cada vez mais pelo produto, depois para a marca e para a imagem do fabricante, tanto do produto em si como da própria embalagem, constituindo-se nos dias de hoje no principal elemento de comunicação do produto com seus consumidores. Podemos afirmar que o design de embalagem é um fator decisivo no novo cenário competitivo e também uma poderosa ferramenta de marketing.

Tudo que descrevemos até aqui aponta para a importância de se ter desde o início do processo um design que responda de forma positiva a todas as demandas de cada uma das funções que a embalagem acumula e das várias etapas do processo pelo qual ela passa até chegar aos consumidores.

A importância do bom design está no fato de ele agregar valor cumulativo a cada uma das etapas do processo, resultando ao final em uma embalagem que eleva o trabalho de todos os envolvidos. É importante frisar bem esse ponto, que consideramos chave para o entendimento do valor e da importância do bom design tanto para as empresas produtoras de embalagens como para as embaladoras de produtos de consumo. O efeito cumulativo promovido pelo design acontece porque é ele o fio condutor e mediador de todo o processo. Quando projeta um desenho estrutural para a indústria de embalagem produzir, o designer leva em consideração todas as premissas que esse desenho vai ter de responder até chegar à casa do consumidor. O designer desenha o ponto de partida considerando o objetivo final do projeto. É essa visão de todo o processo que permite agregar valor em cada uma das etapas, trabalhando junto com os outros participantes, sejam eles profissionais de marketing, responsáveis pela produção na fábrica do produto ou profissionais da indústria de embalagem.

Tomemos como exemplo um projeto estrutural de embalagem de um frasco que demanda esforço e investimento em projeto, protótipos, ferramental do molde, e assim por diante. Se o desenho que deu início ao processo não foi bom, ou seja, *não responde positivamente às premissas de marketing e comunicação do produto com o consumidor e à*

COMPLEXIDADE DE PROJETO

Embalagem *clam shell* desenhada para o novo sistema de vendas em auto-serviço de materiais para construção. Projeto técnico que envolveu a indústria do plástico bolha, que produziu moldes e fabricou a embalagem, a indústria gráfica, que produziu o encarte interno, e a empresa de design, cujo projeto reuniu no trabalho das duas indústrias as premissas de marketing do cliente. Esta embalagem contém todas as informações de que o consumidor necessita para comprar e instalar o produto e pode ser exposta em prateleiras ou em gancheiras tipo *peg board*.

Desenhar frascos de perfume é o sonho de todo designer de embalagem. Existe uma verdadeira mística em torno da personalidade do produto.

Projetos estruturais de embalagem exigem o envolvimento maior de todos os participantes, pois o resultado deve durar por mais tempo para se justificar o investimento em moldes e ferramental de produção.

Os frascos plásticos também precisam ter desenho personalizado. Um bom design faz com que ele seja visto com outros olhos pelos consumidores.

competição no ponto-de-venda, o trabalho realizado pela indústria produtora da embalagem aparecerá no mercado em uma condição desvantajosa, seu cliente não será bem-sucedido na competição e, como conseqüência, ela venderá menos embalagens. Se nesse mesmo caso o frasco tiver um bom design estrutural, mas o rótulo a ele aplicado não atender bem às funções de comunicação e marketing do produto, ou a tampa adotada não for prática para abrir, da mesma forma o conjunto não se apresentará bem. Nesse caso, o custo da embalagem como um todo pode ter sido exatamente o mesmo, mas os resultados serão muito diferentes, pois a pior coisa que pode acontecer a um produto de consumo é ter uma embalagem ruim.

Por isso, todas as empresas que produzem ou utilizam embalagens devem buscar para seus projetos o melhor design possível como forma de melhorar seu desempenho na competição de mercado e transmitir aos consumidores a imagem de empresas que se dedicam de corpo inteiro ao que produzem, que são parceiros empenhados em se apresentar bem, valorizando quem compra o seu produto.

Assim como a indústria que fabrica o produto, a indústria que produz a embalagem também precisa se preocupar com a qualidade do design das embalagens que está produzindo, precisa participar do desenvolvimento integrando-se ao marketing do cliente e aos designers responsáveis pelo projeto na busca das melhores soluções. Da mesma forma, os designers precisam buscar na indústria o suporte técnico e as inovações tecnológicas para seus projetos, pois, quando trabalham de forma integrada, quem mais se beneficia é seu cliente comum.

O bom design de embalagem é aquele que responde positivamente aos fatores críticos, como proteção, armazenagem e transporte, favorece a fabricação da embalagem pela indústria e seu desempenho na linha de envase do embalador e comunica corretamente os atributos diferenciados do produto, chamando a atenção do consumidor e despertando o desejo de compra.

Desenhar embalagens que atendam bem a todos esses requisitos não é uma tarefa fácil, por isso a necessidade de especialização e de se trabalhar de forma integrada na busca das melhores soluções para cada uma das etapas. O design de embalagem é importante porque tem a visão completa de todas as etapas do processo e procura harmonizá-las com os objetivos de marketing do projeto. Quando desenha uma embalagem, o designer fornece à indústria que irá fabricá-la os parâmetros que o marketing do embalador precisa ver contemplados perante o seu consumidor.

A boa embalagem não acontece por acaso nem é fruto da genialidade de algum dos participantes de sua produção, ela é o resultado do estabelecimento de premissas corretas para as várias fases do processo e do atendimento criterioso dessas premissas.

O talento dos designers entra para fazer com que a solução encontrada seja correta, mas encantadora, tecnicamente viável, mas atraente e estimulante, pois, se o resultado final não conquistar o consumidor, todo o esforço, tanto do fabricante do produto como da indústria que produziu a embalagem, terá sido em vão.

O bom design de embalagem ajuda o produto a cruzar fronteiras e conquistar o consumidor em qualquer parte do mundo. Estes bombons foram consumidos em mais de 30 países, inclusive na Suíça, provando que, além de agregar valor e abrir as portas do mercado, o bom design é compreendido e apreciado pelos consumidores de toda parte. Cada vez mais as empresas precisarão pensar globalmente, e o design de suas embalagens também.

NOVAS SOLUÇÕES PARA PRODUTOS TRADICIONAIS

Mesmo produtos tradicionais podem ter seu apelo de venda renovado pela adoção de novas soluções ou tecnologias de embalagem.

Este produto "seco" ganhou uma embalagem que antes era utilizada apenas para produtos líquidos.

No novo cenário competitivo estão em ação três fatores determinantes que fazem do design um componente decisivo para o sucesso do produto. A globalização, a hipercompetição e a similaridade tecnológica estão fazendo do design o principal diferencial percebido dos produtos de consumo e fator decisivo na decisão de compra.

PARTE 2

Metodologia de Design de Embalagem

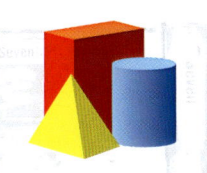

Mais importante do que "o que" se desenha é "como" se desenha.

Introdução à Metodologia de Design

Como vimos na primeira parte, a embalagem que encontramos no mercado de consumo é fruto do trabalho de uma extensa cadeia produtiva e da participação de especialistas de várias áreas que precisam trabalhar juntos para chegar ao resultado final.

A metodologia que apresentamos a seguir foi desenvolvida e aperfeiçoada ao longo de treze anos de trabalho intensivo dedicados ao design de embalagem e ao ensino desta disciplina.

O objetivo desta metodologia é organizar e instrumentalizar uma seqüência de atividades que permitam que o design da embalagem se faça de forma consciente, levando em consideração todos os aspectos importantes do projeto e respondendo de forma positiva e consistente aos objetivos fixados para o produto que deve ser embalado.

Nós aprendemos com a experiência dos anos e o convívio profissional com especialistas de várias áreas que o bom design de embalagem está fundamentado em 10 pontos-chave e, assim, desenvolvemos uma metodologia de trabalho para garantir que estes pontos sejam atendidos no projeto.

Com a aplicação sistemática desta metodologia, temos alcançado resultados excelentes e ao colocá-la em prática com os alunos do curso ficou claro que, atendendo corretamente às premissas básicas do método, pessoas com graus de qualificação muito diferentes conseguem alcançar resultados surpreendentes.

Quem vai desenhar embalagens ou tem de alguma forma responsabilidade, ou participação, neste processo, precisa saber que para se alcançar um bom resultado final é necessário atender aos 10 pontos-chave que são:

Os 10 Pontos-Chave para o Design de Embalagem

1 – Conhecer o Produto

A embalagem é expressão e atributo do conteúdo. Não podemos desenhá-la sem conhecer profundamente o produto. Assim, as características, a composição do produto, seus diferenciais de qualidade e principais atributos, incluindo seu processo de fabricação, precisam ser compreendidos.

Uma visita à fábrica é necessária e recomendada. A história do produto, o material de divulgação, anúncios, pesquisas de embalagens antigas, tudo isso precisa ser levantado.

Quanto mais e melhor conhecermos o produto, maior será a chance do nosso trabalho vir a ser verdadeira expressão de seu conteúdo. Sem isso, ocorre, e vemos com muita freqüência no mercado embalagens de fachada semelhantes às casinhas dos filmes de bangue-bangue.

Seguindo a metodologia do curso, um grupo de alunos, após receber um briefing muito difícil e com parâmetros de trabalho estreitos e rigorosos, conseguiu solucionar o problema, atender às premissas estabelecidas e criar esta embalagem para um produto da Parmalat.

Um produto inédito requer mais estudo e compreensão por parte do design, pois o consumidor nunca viu algo assim, e o supermercado não tem um ponto estabelecido para ele.
Tudo são hipóteses.

Todo consumidor usa este produto, mas existem muitas marcas e variações de preço nesta categoria.
Conhecer o consumidor-alvo do produto é fundamental para o sucesso de qualquer projeto.

Muitas vezes o produto compete em um mercado complexo com muitas nuances e limites pouco precisos. Cada mercado tem características próprias que precisam ser conhecidas.

2 – Conhecer o Consumidor

Saber quem compra e utiliza o produto é fundamental para estabelecer um processo de comunicação efetiva por meio da embalagem.

As características desse consumidor, seus hábitos e atitudes em relação ao produto e principalmente à motivação que o leva a consumi-lo são um ponto-chave a ser conhecido pelo designer e pelos profissionais responsáveis pelo projeto, que devem procurar compreender por que este consumidor compraria o produto.

O conhecimento do consumidor é tão importante que projetos de grande responsabilidade devem contar sempre com o apoio de pesquisas especializadas em avaliar a relação desse consumidor com a embalagem.

3 – Conhecer o Mercado

O mercado no qual o produto participa tem suas características próprias. Tem história, dimensões e perspectivas.

É um cenário concreto que precisa ser conhecido, estudado e analisado para que o design da embalagem não seja um salto no escuro.

O fabricante do produto deve fornecer as informações que dispuser sobre o mercado ou buscá-las nas fontes de pesquisa para subsidiar o projeto de design.

4 – Conhecer a Concorrência

Por melhor e mais bonito que seja o design, de nada ele adiantará ao produto se não conseguir enfrentar a concorrência no ponto-de-venda.

Conhecer *in loco* e as condições em que se dará a competição é fundamental para o design de embalagem.

Estudar o ponto-de-venda, cada um dos concorrentes, analisar a linguagem visual da categoria e compreendê-la são pontos-chave para a realização de projetos de sucesso.

O estudo de campo deve ser realizado com critério e dedicação pelo designer.

5 – Conhecer Tecnicamente a Embalagem a Ser Desenhada

A linha de produção e de embalamento, a estrutura dos materiais utilizados, as técnicas de impressão e decoração, o fechamento e a abertura, os desenhos ou plantas técnicas da embalagem a ser desenhada precisam ser conhecidos meticulosamente. Tanto para se obter o máximo dos recursos disponíveis como para evitar erros que podem prejudicar o projeto.

Visita à linha de embalamento e contato com os fabricantes da embalagem são fundamentais para a qualidade final do trabalho.

6 – Conhecer os Objetivos Mercadológicos

Saber por que estamos desenhando uma embalagem e o que estamos buscando com o projeto é outro ponto-chave que precisa estar bem claro.

Os objetivos de marketing, a participação de mercado, o papel da embalagem no mix de comunicação e as diretrizes comerciais do projeto precisam ser conhecidos para estabelecer os parâmetros que nortearão o projeto e deverão ser atendidos pelo design final apresentado.

É preciso ter uma meta a ser buscada para poder avaliar os resultados alcançados.

7 – Ter uma Estratégia para o Design

Todos os itens anteriores, uma vez compreendidos, precisam ser organizados e transformados em uma diretriz de design com uma estratégia clara e consciente.

Antes de desenhar é preciso pensar.

A função da estratégia na metodologia é fazer com que as premissas básicas do projeto sejam equacionadas e indiquem uma direção a ser seguida no processo de design para responder aos objetivos traçados.

Esse é o ponto central da nossa metodologia, pois de nada adianta todo o esforço empreendido no projeto se o resultado final não for competitivo.

Posicionar visualmente o produto de forma que se obtenha vantagem competitiva no ponto-de-venda é o melhor que um projeto de design de embalagem pode alcançar, e a estratégia de design deve sempre buscar este objetivo.

8 – Desenhar de Forma Consciente

Para atender às premissas estabelecidas e os objetivos mercadológicos do projeto, é preciso que o trabalho de design seja realizado de forma consciente e metódica, e não baseado puramente no impulso criativo.

A criatividade é necessária e desejável, mas precisa ser exercida em favor dos objetivos estratégicos do projeto.

O designer deve aproveitar cada oportunidade para evoluir, e por isso precisa empenhar-se de verdade em cada projeto buscando superar o que já fez no passado.

Cada projeto deve ser tratado com cuidado e dedicação para ser um ponto forte do produto que nos foi confiado.

9 – Trabalhar Integrado com a Indústria

Conhecer a indústria que vai produzir a embalagem é uma das proposições básicas para o sucesso do projeto. Muitos problemas que normalmente ocorrem em projetos de embalagem são evitados com esta providência simples. Porém, o grande benefício do projeto integrado é a possibilidade de encontrar melhores soluções, pois é por meio da indústria que as novas tecnologias chegam aos designers.

O trabalho integrado do designer com a indústria permite à embalagem final se beneficiar da experiência e das melhores soluções tecnológicas em prol do cliente.

Para a montagem da estratégia é fundamental conhecer os produtos concorrentes e a posição que ocupam na categoria. Em cada posição ocupada, a atividade do produto é diferente, e o espaço para a ação do designer também.

É importante observar também os limites da categoria e os produtos posicionados ao lado dela.

As embalagens cartonadas assépticas são formadas e recebem o produto em um ambiente esterilizado. Elas entram em bobina e saem da máquina em um processo cheio de detalhes que exigem do design o conhecimento de processo e da técnica de impressão.

Cada situação oferece oportunidades e exige uma estratégia. Neste exemplo, quem fizer uma embalagem que pare em pé e mostre todo o painel frontal vai conquistar a vantagem visual e sair do lugar comum.

Estes produtos não são idênticos. Existem entre eles diferenças significativas de preço e desempenho. Ao designer cabe propor de forma consciente o estabelecimento de uma hierarquia de valor que informe ao consumidor o porquê de um produto ser mais caro que o outro.

10 – Fazer a Revisão Final do Projeto

Quando a embalagem final chega ao mercado, o designer e o cliente devem fazer uma visita a campo para avaliar o resultado final e propor eventuais melhorias ou ajustes que possam ser incorporados às novas produções e reimpressões.

Só no ponto-de-venda, em condições reais de competição, é que podemos avaliar o resultado final alcançado. Ao fazermos isso, estaremos evoluindo nosso trabalho e evitando pequenas falhas no futuro.

Nesta embalagem foi introduzido pela primeira vez no mercado um rótulo transparente para este tipo de produto. Esta inovação só foi possível graças ao trabalho integrado do cliente, da agência de design e da indústria que produziu o rótulo.

Metodologia do Design de Embalagem

Com base nos 10 pontos-chave e objetivando atendê-los no projeto de design, a metodologia foi organizada em 5 passos seqüenciais sistematizados para que nenhum detalhe seja negligenciado. Esses passos, os quais chamaremos de fases, contemplam (1) O Briefing, (2) O Estudo de Campo, (3) A Estratégia de Design, (4) O Desenho e (5) A Implantação do Projeto.

No briefing, estaremos abordando todas as informações-chave e compreendendo os objetivos mercadológicos do projeto. Na reunião de briefing, recebemos a solicitação oficial do que deve ser buscado e alcançado pelo design na embalagem final.

No estudo de campo, conhecemos as condições reais em que se dará a competição e procuramos encontrar oportunidades de posicionamento estratégico para o produto, explorando as falhas e deficiências da concorrência ou descobrindo novas abordagens tanto do ponto de vista da linguagem visual como no aspecto estrutural.

A estratégia de design é na verdade uma síntese objetiva das duas etapas anteriores, de modo que se estabeleçam as premissas básicas do projeto e sejam traçadas as diretrizes a serem seguidas na seqüência do trabalho. Nós entendemos esta fase como o momento crucial, em que as grandes idéias e soluções são encontradas. Por isso, deve ser tratada com a máxima importância.

Na fase de design, existem procedimentos a serem seguidos para que nenhum detalhe seja esquecido e, principalmente, para se obter o máximo de cada um dos componentes da embalagem. Os procedimentos de design descritos na metodologia visam garantir o melhor desempenho da embalagem final e o atendimento dos objetivos fixados na estratégia de design.

Uma vez aprovado o layout, dá-se início à fase de implantação do projeto. Nesta fase, aspectos da produção gráfica, plantas e desenhos técnicos, contratação de fotógrafos e ilustradores e a integração com a indústria que vai fabricar a embalagem são abordados, assim como a revisão final do projeto.

A metodologia fornece um roteiro de trabalho que, uma vez seguido, garante que os principais pontos de importância do projeto sejam abordados e tratados de forma consciente e organizada.

Quando nos empenhamos com seriedade e rigor na aplicação das premissas básicas descritas na metodologia, estamos realmente exercendo o que chamamos de design de embalagem e oferecendo a nossos clientes um trabalho consistente.

Podemos dizer que no design de embalagem mais importante do que aquilo que desenhamos é como desenhamos. Por isso, a importância do método é seguir procedimentos que nos permitam agir em profundidade na realização do projeto.

Existem resultados alcançados em alguns projetos que só são possíveis quando se trabalha com método. É possível atender a todas as premissas de um projeto complexo se seguirmos um roteiro de trabalho que nos permita compreender a fundo os detalhes e minúcias da embalagem que estamos desenhando e do mundo que ela habita. No design de embalagem não existem soluções mágicas. Tudo acontece no processo e com a participação de todos os envolvidos.

"Muitas vezes detalhes preciosos do projeto aparecem na conversa que acontece no briefing. O designer deve ouvir o cliente, mostrar que está interessado no que ele tem a dizer e principalmente mostrar que conta com a participação dele para o sucesso do produto.

O cliente deve sentir que está combinando com o designer o que será feito. Estão juntos planejando o futuro visual do produto.

O cliente deve desde o princípio ser considerado parte integrante e não juiz do projeto."

O Briefing

O briefing é o ponto de partida para a elaboração de um projeto de design de embalagem. Ele consiste do mapeamento de todas as informações relativas ao projeto, ou seja: o que é o produto; quem é o seu consumidor; quanto custa; quais os seus benefícios; onde será vendido etc.

Dessa forma o designer fará um raio-X do produto, do seu consumidor, do ponto-de-venda e das demais informações relevantes.

Quando a tomada do briefing é bem-feita, o projeto já começa bem-encaminhado, e o resultado final tem grandes chances de sucesso. Caso contrário, o resultado final não será bom, pois dificilmente se conseguirá salvar um projeto que começou com um briefing ruim.

Como nem sempre os clientes estão preparados para oferecer um briefing completo, cabe ao designer saber conduzir a entrevista para obter todas as informações necessárias. Quanto melhor e mais claramente o designer compreender o que deve ser feito, melhor a qualidade final do seu trabalho.

É importante lembrar que se deve sempre solicitar folhetos, pesquisas e o desenho técnico da embalagem a ser desenhada. Nesse momento o designer deve também relacionar com o cliente os lugares ideais para a realização do estudo de campo.

Não se deve realizar a tomada do briefing apressadamente. Provavelmente este será o tempo mais útil e necessário de todo o projeto. Por isso pergunte tudo com muita calma até ter a certeza de ter compreendido corretamente o projeto a ser realizado.

A seguir, veja um formulário sintético com um pequeno check-list com as informações que precisam ser obtidas para orientar a tomada de briefing.

Neste projeto, o briefing pedia a criação de "embalagens conceito" para produtos imaginários que demonstrassem as possibilidades de utilização de uma nova tecnologia de embalagem para alimentos "secos" (dry food).

Várias categorias foram estudadas e selecionadas para formar esta coleção.

Formulário de Briefing

Descrição do Projeto _____
_____

Responsáveis _____ Cliente _____

Data de início do projeto ___/___/___ Prazo previsto para o lançamento da embalagem ___/___/___

Produto/Embalagem

- ❑ Embalagens/tipos/tamanhos
- ❑ Produção/formato/materiais
- ❑ Características técnicas
- ❑ Tipo de impressão/rotulagem/número de cores
- ❑ Atributos a destacar/principais diferenciais do produto
- ❑ Informações importantes/legais etc.
- ❑ Histórico do produto: pedir folhetos e anúncios que foram produzidos e outras informações que permitam conhecer a história do produto
- ❑ Descrever os benefícios, pontos fortes e fracos do produto
- ❑ Verificar a possibilidade de visita à fábrica/marcar a visita
- ❑ Solicitar os desenhos e plantas técnicas
- ❑ Informar-se sobre o fabricante da embalagem/estabelecer o contato

Mercado/Categoria

- ❑ Características do mercado/dimensões e peculiaridades
- ❑ Posição e participação do produto no mercado
- ❑ Concorrência/nomeação/participação: é aconselhável ter as embalagens da concorrência na reunião de briefing
- ❑ Pesquisas; se existirem devem ser solicitadas, mesmo que antigas
- ❑ Indicação de locais para estudo de campo

Consumidor

- ❑ Qualificar por sexo/idade/classe socioeconômica
- ❑ Consultar pesquisas sobre hábitos e atitudes do consumidor em relação à categoria do produto (como compra, usa etc.)
- ❑ Descrever os benefícios do produto que o consumidor percebe e deseja
- ❑ Tentar entender por que ele compraria o produto

É conveniente ter sempre as embalagens da concorrência na hora do briefing.
Tudo se torna muito mais claro quando se comenta a concorrência e o próprio mercado.

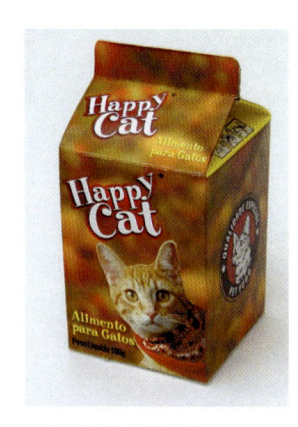

O mercado de Pet Food tem características próprias que precisam ser bem compreendidas pelo designer. Neste caso, a participação do cliente e de seus especialistas é decisiva para o sucesso do projeto.

Além dessas perguntas que servem como check-list para que nada seja esquecido, o designer precisa ouvir o cliente. Ele sempre tem muito a dizer sobre seu produto. O cliente deve desde o princípio ser considerado parte integrante e não juiz do projeto.

Objetivos de Marketing

- ❏ Primário – O que a empresa pretende com o design da embalagem. Qual a imagem pretendida.
- ❏ Secundário – Qual o objetivo de marketing do produto (participação no mercado).
- ❏ Obstáculos – Quais as dificuldades visíveis que podem complicar o projeto.
- ❏ Prazos – Qual o tempo-limite previsto para a entrega do trabalho de design.
- ❏ Recursos/investimentos – Quanto a empresa pretende investir na embalagem.
- ❏ Pesquisa – A nova embalagem será pesquisada antes de ser lançada.
- ❏ Propaganda – Haverá propaganda para divulgar a nova embalagem.

Informações do briefing indicavam que o consumidor de produtos light tem preocupações estéticas e de saúde, mas não abrem mão do sabor e do prazer oferecidos pela bebida. Estas informações foram decisivas para o desenvolvimento deste projeto.

O Estudo de Campo

▶ *Não existe design de embalagem sem estudo de campo.*

O estudo do ponto-de-venda onde o produto será comercializado é fundamental para o bom design de embalagem. É lá que o produto será apresentado em grupo, ao lado de seus concorrentes e dentro de sua categoria. Conhecer esse local, analisá-lo com cuidado e considerar as várias possibilidades de posicionamento da nova embalagem fazem muita diferença.

A maior parte das oportunidades de obter vantagem competitiva sobre os concorrentes é detectada no estudo de campo. Ocorre muitas vezes de o produto ser exposto deitado, em um cenário desorganizado, e seu desenho ser feito como se ele fosse exposto em pé, de forma organizada, por falta de estudo de campo.

Outras vezes descobrimos que a categoria como um todo adotou o mesmo padrão de cores, deixando aberta a oportunidade de destacar nosso produto adotando uma nova cor.

É no ponto-de-venda que observamos a oportunidade de introduzir novas formas, novos materiais e novas maneiras de expor o produto. Além disso, o relatório do estudo de campo que apresentamos ao cliente é trabalho sempre bem-recebido, pois demonstra o cuidado com que estamos tratando seu projeto.

É importante lembrar ainda que a embalagem nunca é vista sozinha, mas sempre em múltiplos, como vemos nas prateleiras.

No estudo de campo podemos montar nossa própria gôndola comparativa e olhar os concorrentes em condições reais de competição.

Só no estudo de campo podemos compreender com clareza a importância do painel lateral para a lata de goiabada. Ao mesmo tempo podemos observar a oportunidade que se apresenta para uma solução de embalagem que faça este painel crescer aos olhos do consumidor.

Há algo diferente ocorrendo nesta categoria que pode ser ameaça para todos os demais concorrentes. Quando um concorrente rompe com a linguagem da categoria, temos de monitorá-lo atentamente, pois ele pode desequilibrar toda a competição.

As embalagens cujos nomes aparecem grandes e legíveis porque o painel superior foi virado para o consumidor tiveram a ajuda de promotores das empresas.
Mas e onde não houver promotor? Temos aí um problema e uma grande oportunidade.

Só no estudo de campo se entende porque o rótulo está de ponta cabeça em relação ao copo. Na verdade o rótulo está correto. O produto é exposto desta forma.

Importância do Estudo de Campo

A experiência demonstra que a maioria dos erros graves ocorridos no design de embalagem é resultado do "design de gabinete", feito por designers que não saíram do escritório para observar como o produto é exposto e realmente funciona no ponto-de-venda.

A realização do estudo de campo é um item fundamental na metodologia de projeto do design de embalagem e fator decisivo para a montagem da estratégia de design do produto a ser embalado.

A identificação, o reconhecimento e o estudo detalhado do cenário em que o produto é apresentado ao consumidor são o ponto de partida obrigatório para o trabalho do designer, e o primeiro passo a ser dado é identificar e anotar cada um dos concorrentes presentes, seu preço, a posição que ocupam na prateleira, o número de frentes que lhes foram oferecidas e a posição que o nosso produto ocupa em relação aos demais, ou seja: o mais caro? o mais barato? o mais destacado? o menos destacado? etc.

Todos os concorrentes presentes no ponto-de-venda compõem a "categoria" em que o produto compete. A compreensão da linguagem visual da categoria é de grande importância no estudo de campo, pois o produto compete e é visto pelo consumidor dentro da categoria e ao lado dos produtos com os quais concorre.

Ao compreendermos uma categoria, podemos observar como cada um dos concorrentes se posiciona dentro dela e podemos posicionar positivamente o produto que estamos desenhando dentro dessa lógica.

Assim, o estudo do cenário no qual o produto será exposto, a análise dos concorrentes que estarão a seu lado e a compreensão da linguagem visual da categoria são fundamentais para a montagem da estratégia de design de um projeto de embalagem.

Quando observamos que todos os produtos de uma categoria apresentam embalagens com a mesma cor de fundo e o mesmo tipo de imagem, como, por exemplo, o purê de tomate, cujo fundo é vermelho e na frente são mostrados tomates, fica claro que a embalagem que adotar um fundo branco ou amarelo irá se destacar na paisagem.

Da mesma forma, quando em uma categoria todos os produtos buscam chamar a atenção pelo excesso de cores e imagens vibrantes gerando embalagens visualmente ruidosas, a oportunidade surge para a embalagem *clean,* que transmita uma imagem limpa e silenciosa. Essa embalagem chamará a atenção do consumidor pelo contraste.

Uma categoria é sempre dinâmica e muitas oportunidades surgem da observação das mudanças que estão ocorrendo, oferecendo ótimas oportunidades de posicionar os produtos que desenhamos na direção para onde a categoria está se movendo.

A partir do estudo de campo, encontramos pistas e oportunidades que podem ser aproveitadas na estratégia de design. Vários casos de sucesso foram construídos dessa forma.

No caso do papel Ripax, observamos que a categoria estava se movendo de "Material de Escritório" para "Suprimento de Informática" e posicionamos visualmente a embalagem nesta nova posição. Ao romper com a linguagem da categoria e estabelecer um novo padrão visual em uma nova posição, o produto se isolou, deixando a categoria na posição que representava o seu passado. Essa situação deu ao Ripax uma notável vantagem competitiva que se transformou em um aumento de quase 10% da participação deste produto no mercado.

No caso dos copos Marimar, a estratégia de design foi inteiramente baseada na visão do produto em gôndola. Notamos que a maneira como os produtos eram apresentados, além de não valorizá-los, dificultava a inclusão do logo e das informações de venda do produto. A embalagem proposta criou um painel de comunicação com o consumidor e destacou o produto dos demais. A venda dos copos CIV saltou de 33 milhões de unidades em 98 para 80 milhões em 99.

A Glenmark, frigorífico americano tradicional, fornecedor de grandes redes de fast-food e restaurantes nos Estados Unidos, estava encontrando dificuldades para colocar seu hambúrguer no varejo brasileiro devido à presença de marcas fortes solidamente instaladas na área de refrigerados.

Ao estudarmos o ponto-de-venda, notamos que a categoria havia se uniformizado completamente tanto do ponto de vista de estrutura de embalagem (caixas de cartão com 12 hambúrgueres) quanto do ponto de vista visual (mesma linguagem).

A oportunidade neste caso estava em romper com a linguagem visual da categoria, criando algo novo, tanto visual como estruturalmente falando. Assim, a embalagem do Yankee Burger adotou um visual assumidamente americano e uma estrutura de filme flexível com um berço termoformado interno. A nova embalagem começa agora a vencer a barreira das grandes redes e entusiasmar os consumidores pela novidade de sua proposta.

Conclusão

"Não existe design de embalagem de verdade sem estudo de campo", pois é lá que o produto será visto, comparado e comprado pelos consumidores. Compreender o que acontece nessa situação ajuda os designers e as empresas a posicionarem as embalagens de seus produtos com muito mais influência e precisão.

Os casos descritos aqui encontram-se detalhados na seção *Estudos de Casos* mais adiante.

Esta embalagem foi vencedora partindo de uma premissa simples, a categoria havia evoluído...

A estratégia de design deste produto foi instantânea, ao primeiro olhar na gôndola.

A solução foi encontrada no próprio campo: na seção de pescado. Muitas vezes em outras gôndolas há soluções que podem ser transpostas.

É preciso ler com atenção para compreender direito o que está havendo na gôndola.
Nem tudo que parece suco de frutas é suco de frutas.
Mas mesmo assim concorre na categoria.

Nos Home Centers o estudo é ainda mais difícil, pois temos categorias muito técnicas e cheias de nuances.

Formulário de Estudo de Campo

Produto _____ Cliente _____ Data __/__/__

Local do estudo _____

Informações Objetivas

- Nomeação da concorrência (escrever o nome e descrição do produto de cada concorrente)
- Preços (anotar o preço e o peso/conteúdo)
- Anotar no final o gap de preço (diferença entre o preço do mais caro *versus* o do mais barato)
- Número de frentes expostas (quantas embalagens estão alinhadas na gôndola)
- Número e posição de prateleiras (anotar de cima para baixo as prateleiras)

Linguagem Visual da Categoria

- Anotar a cor predominante de fundo e da frente de cada produto
- Descrever as imagens predominantes (foto/ilustração/objetivas/simbólicas)
- Descrever os elementos visuais utilizados (logos/faixas/splashes/banners)
- Descrever as informações em destaque (instantâneo/sabor natural/com ação/leach etc.)
- Anotar outras observações significativas que possam ser úteis

Informações Subjetivas

- Posição no ponto-de-venda (quem é o líder naquele local)
- Produto com maior destaque visual
- O que está funcionando (qual é o produto com maior destaque)
- Quais as cores mais eficientes e as imagens que explicam melhor/destacam o produto
- Qual concorrente tem a melhor embalagem
- Produto com menor destaque visual
- O que evitar
- Cores deficientes/imagens mais fracas
- Qual concorrente tem a pior embalagem
- Outras observações pessoais sobre o que se vê no local

Oportunidades e Ameaças

❏ Você está vendo alguma oportunidade de inovação ou vantagem competitiva nesta categoria? (Faça esta pergunta e analise o assunto, com calma e persistência.)

❏ Há algo acontecendo que possa ser uma ameaça ao produto que vai ser desenhado?

Anote tudo com calma e atenção, você está produzindo um documento para o projeto. Uma cópia do estudo de campo deve ser oferecida ao cliente, assim, além de perceber que está havendo um estudo e poder acompanhar de perto o trabalho, ainda receberá um serviço extra, ou seja, uma visão comentada por um designer da situação de seu produto no mercado.

O estudo de campo revelou que o consumidor conduz a embalagem para fora da loja e oferece um depoimento de compra. Esta embalagem serve também de suporte para uma ação de comunicação que desperta o desejo de compra e atrai consumidores para a loja. Com este novo visual, a sacola deixou de ser uma embalagem institucional de transporte dos produtos para se transformar em uma poderosa ferramenta de marketing e vendas.

A observação, em campo, do que acontece com a embalagem foi fundamental para o sucesso deste projeto.

O consumidor sempre procura o produto na sua seção. Ao olharmos este corredor, vemos várias categorias de produtos misturadas, pois fazem fronteiras umas com as outras.

Um recorte aproximado nos leva bem próximo da visão que o consumidor adota na hora de escolher. Ele vai estreitando o foco até chegar em um pequeno nicho dentro da própria categoria.

Nosso estudo da categoria deve partir do todo, incluindo as fronteiras, até chegar ao detalhe do subgrupo em que o produto que estamos desenhando vai competir.

Análise Visual das Categorias de Produtos

Um dos pontos mais importantes a serem observados em um projeto de design de embalagens é a linguagem visual da categoria a que o produto pertence. Isso porque um produto nunca é visto isoladamente, mas sempre apresentado aos consumidores ao lado de seus concorrentes. O consumidor vê o produto dentro de sua categoria, no espaço destinado a ela nas lojas e nos supermercados.

As categorias têm história e uma linguagem visual própria que precisa ser considerada.

Em virtude da linguagem da categoria, podemos posicionar o produto de maneira vantajosa, fazendo aquilo que os concorrentes não estão fazendo, superando-os em seus pontos fracos, adotando abordagens visuais inovadoras em relação ao que está sendo apresentado pela categoria.

Devemos também compreendê-la para evitar que o produto saia completamente fora e não seja mais percebido pelo consumidor como participante daquela disputa específica, tornando-se um estranho desajustado na competição. O consumidor nem considera esse tipo de produto na hora de escolher.

Analisar com atenção e compreender corretamente a linguagem visual de uma categoria de produto são ações fundamentais para o sucesso de um projeto de design.

No estudo de campo, devemos estar muito atentos para entender os sinais básicos que a identificam. Qual a cor predominante, imagens e abordagens utilizadas, atributos destacados nas embalagens e as informações que são apresentadas no verso e nos outros painéis.

Assim, podemos concluir que no sabão em pó a imagem deve transmitir o desempenho de limpeza do produto, enquanto nos achocolatados a presença do copo e da xícara indicam que o produto pode ser bebido quente ou frio. Faz parte da linguagem visual das misturas para preparo de bolos mostrar a textura do bolo quando pronto e, na pizza, um pedaço precisa estar sendo retirado para transmitir aquela sensação do queijo derretido que precede a degustação.

Detalhes como esses são decisivos para evitar soluções que confundam o consumidor e não contribuam para o melhor posicionamento do produto.

Devemos estudar também a linguagem internacional da mesma categoria por meio dos livros e da Internet para ver o que está se fazendo no mundo com esse tipo de produto, pois com a globalização a linguagem visual dos produtos está sofrendo grandes influências e transformações. Por isso precisamos estar atentos. Conhecer o mais profundamente possível a linguagem da categoria em que o produto que desenharemos irá competir é fundamental para o sucesso do projeto, pois o produto que confrontado no ponto-de-venda com seus concorrentes ficar inferiorizado já sairá perdendo a luta pela conquista dos consumidores.

A Estratégia de Design

Depois do briefing e do estudo de campo, é necessário organizar as informações recolhidas em um plano de trabalho que chamamos de estratégia de design.

Isso porque no novo cenário hipercompetitivo não basta apenas "desenhar" a embalagem. É preciso posicioná-la por meio do design em condições de competir para valer.

A estratégia deve ser apresentada e discutida com o cliente "antes" de se iniciar o trabalho de desenho. Esse ponto é de fundamental importância. O designer não pode sair desenhando sem um briefing o mais exato possível sobre o que deve ser desenhado, sem um estudo de campo que permita compreender claramente o cenário em que o produto irá competir e sem um plano que transforme essas informações em uma proposta de design que responda ao que foi compreendido.

Em uma estratégia de design devemos:

1. Repassar os principais pontos e objetivos do briefing para que o cliente saiba o que realmente foi entendido do projeto.
2. Apresentar as observações e conclusões do estudo de campo na forma de um relatório.
3. Descrever as oportunidades encontradas para a nova embalagem.
4. Destacar as premissas básicas que devem ser seguidas para alcançar o que foi descrito anteriormente.
5. Explicar por escrito e detalhadamente o que está sendo proposto como caminho estratégico para o design.

Nesse momento, o projeto será discutido com o cliente que, além de expressar suas idéias sobre nossa proposta, está sendo preparado para avaliar o design pelo que foi estabelecido na estratégia e não por meio de critérios subjetivos do tipo gosto/não gosto.

Esta estratégia foi fundada na constatação de que as embalagens do mercado não mostravam imagens dos ingredientes, mas apenas a janela transparente. Ao incluir as cerejas, esta embalagem inovou e aumentou o apelo de informação sobre o produto.

Nunca uma embalagem de sabão em pedra tratou o produto desta forma. A estratégia foi adotar a linguagem visual dos sabões em pó e dos produtos de limpeza, saindo fora da imagem simplória e rude das embalagens desta categoria.

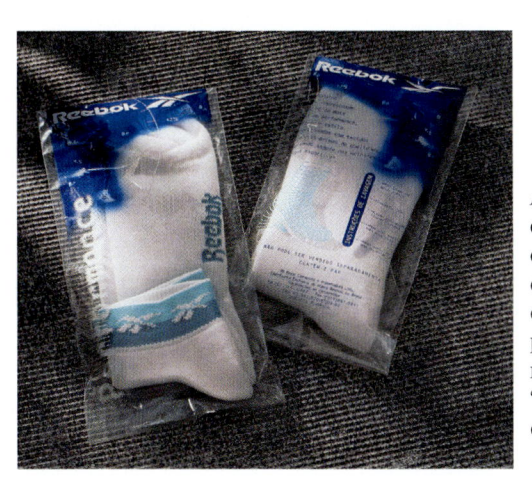

A estratégia de design nesta embalagem foi trazer para o produto elementos visuais da imagem construída pela propaganda: o cronômetro, o atleta patrocinado e a palavra "Performance" foram incluídos na embalagem, incorporando o "Mundo da Marca" e acentuando o caráter esportivo do produto.

Por que não fazer da própria embalagem um brinde? A estratégia é fazer com que a consumidora use a bolsa como complemento *fashion* da camiseta.

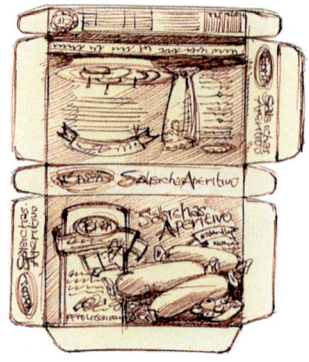

O planejamento visual da embalagem no papel permite oferecer uma visão global do projeto e ajuda na reunião dos elementos necessários.

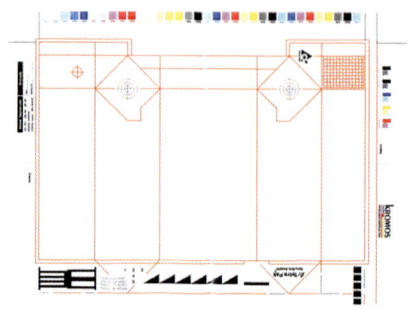

A planta ou desenho técnico é o ponto de partida ou alicerce sobre o qual será montado o desenho.

O logotipo desenhado é único, exclusivo e reforça a personalidade do produto. Faz uma grande diferença para o produto ter um logotipo assim: letras com desenho próprio, que se encaixam com a ajuda de um & comercial que se transforma em colher.

Procedimento do Design

Trabalhar com formas, cores, tipografia, ilustrações e imagens conhecendo a linguagem visual e a comunicação de idéias através do desenho demanda vocação e estudo. Não cabe neste livro um curso de desenho; nosso objetivo neste capítulo é somente fornecer uma orientação básica para os procedimentos a serem adotados no trabalho de desenho de uma embalagem.

Em primeiro lugar, o designer deverá ter bem claro o que foi solicitado pelo cliente e qual a proposta delineada na estratégia de design, pois o trabalho a ser realizado deverá responder ao que foi estabelecido nessas duas etapas do projeto. Antes de iniciar o desenho propriamente dito, todas as etapas anteriores do projeto devem ter sido realizadas. Nunca se deve desenhar por impulso atropelando os procedimentos descritos no passo a passo da metodologia, pois a qualidade de um trabalho de design depende fundamentalmente do rigor com que se aplica a metodologia de projeto.

Ter em mãos o máximo de informação necessária é uma das premissas básicas para prosseguir, por isso o briefing, o estudo de campo e a montagem da estratégia são etapas em que acumulamos informações e conhecimentos que agora serão aplicados.

Cada designer tem uma maneira própria de desenhar; alguns gostam de rabiscar, fazer esboços em papel, recortar imagens associadas ao que se está buscando, reunir elementos para compor o desenho e assim por diante. Como dissemos, nosso objetivo não é ensinar a desenhar, mas apresentar os procedimentos de design aplicados à embalagem. Portanto, reunir todas as informações básicas que deverão constar da embalagem antes de começar a montar é um procedimento padrão.

É obrigatório ter em mãos o desenho ou planta técnica da embalagem aberta com a demarcação das dobras, área de impressão, área de colagem ou solda, localização da marca da fotocélula, quando houver, e a definição dos painéis frontal e lateral, verso, tampa e fundo da embalagem.

Todos os textos legais e a dimensão ou magnitude do código de barras também devem estar em mãos, assim como o logotipo do fabricante e o ícone de identificação do tipo de material do qual a embalagem é feita para orientação da reciclagem e assim por diante.

De posse desses materiais e informações, inicia-se o trabalho de design propriamente dito. Tudo o que fará parte da embalagem deve ser reunido para a posterior "montagem" do layout.

A começar pelo nome do produto. Se o produto tem um nome, esta é a informação número um e a mais importante a ser trabalhada. O nome precisa ser valorizado e merece um logotipo desenhado e não digitado em uma letra ainda que diferente. O produto é uma entidade complexa, é único e precisa ter sua personalidade expressa também de maneira única. Vale a pena nesse momento estudar um pouco os logos dos produtos concorrentes, inclusive os estrangeiros, por meio de livros e Internet, para compreender melhor que tipo de solução visual vem sendo adotada para representar os nomes dos produtos dessa categoria.

O logo precisa ter uma presença visual predominante no design, pois será o principal elemento de identificação do produto pelos consumidores. Se o produto não tiver um nome próprio, mas apenas uma denominação genérica, a ênfase é substituída ou dividida com a marca do fabricante que precisará ser destacada como elemento principal.

Depois do nome, o próximo elemento em importância é a imagem principal. Nessa altura do projeto, já deve estar muito claro para o design que tipo de imagem deve ser associada ou incorporada ao produto para agregar-lhe significado, personalidade e valor. A imagem ou imagens desejadas devem ser reunidas e preparadas para entrar no layout. O tipo de tratamento visual aplicado à imagem fica por conta da opção feita pelo designer. Vale lembrar que ao escolher ilustração ou foto, o designer estará direcionando o tipo de interpretação que será dada à informação, por isso aqui também vale a pena verificar o tipo de abordagem que está sendo adotada pela concorrência, inclusive a internacional. Este procedimento, na verdade, já deve ter sido feito na fase de planejamento estratégico do projeto, mas na fase de desenho deve ser revisto à luz da solução que está sendo adotada, pois se trata de uma decisão crucial para a maneira como o produto será visto e assimilado pelos consumidores.

Os elementos visuais de apoio, tais como módulos, faixas, banners, e os elementos ornamentais, tais como vinhetas, ilustrações, pictogramas, gráficos, quadros, box, entre outros, também devem ser construídos, desenhados ou preparados para se incorporar à montagem.

Um ou mais *splashes* devem ser produzidos, destacando os atributos principais do produto.

O *splash* é um dos elementos visuais mais característicos da embalagem, sendo obrigatória a sua presença no desenho. Ainda que o produto não tenha nenhum diferencial a ser destacado, o designer deverá buscar algo que possa ser comunicado por um splash. Se o produto é novo, tem nova fórmula, ingredientes, perfume ou sabor, isso precisa ser expresso em um *splash*.

Toda vez que uma embalagem sofrer grandes mudanças, o splash de nova embalagem deverá ser incluído.

Por sua importância como elemento visual significativo de linguagem, o *splash* merece ser trabalhado com atenção e cuidado. Vale a pena estudar soluções diferenciadas, inovadoras, evitando cair na mesmice do que vemos acontecer com freqüência nas gôndolas dos supermercados, onde encontramos *splashes* feitos de qualquer jeito com o maior desleixo.

Todo designer de embalagem deve prestar muita atenção, estudar e colecionar as soluções mais interessantes que for encontrando para familiarizar-se cada vez mais com a linguagem visual da embalagem. Nunca se deve economizar trabalho nem talento na elaboração do *splash*. O mesmo se deve dizer dos quadros, boxes e demais elementos visuais que entrarão na embalagem. Cada elemento precisa ser "produzido" para contribuir com o todo e mostrar que a embalagem foi desenhada por inteiro. Isso é importante, pois o consumidor atribui valor a um produto em que ele percebe que houve uma preocupação com os detalhes. Ele sente

Três letras maiúsculas e um i minúsculo formam e dão personalidade a este logo que aparece em grande destaque na embalagem.

A imagem principal deve constituir também um elemento da personalidade visual do produto, e não apenas uma ilustração.

Tudo trabalha junto nestas embalagens. Notem o logo da marca que se encaixa na imagem indicando nome e sabor do produto em um único bloco informativo.

Em uma coleção de *splashes*, eles devem ser um elemento significativo e ao mesmo tempo comunicativo.

Isto é um timbre com uma flâmula. O timbre ou chancela simboliza nobreza e valor. Até hoje é utilizado em rótulos e embalagens finas.

Aqui vemos um módulo com borda cruzada por um banner com terminação em flâmula. Os filetes de contorno (borda) e os cantos do módulo curvados para dentro dão um toque sutil ao conjunto que as estrelas finalizam. Estes pequenos detalhes de estilo e ornamentos isolados são chamados de filigrana.

Aqui o banner recebe o apoio de uma vinheta ilustrativa que é como chamamos estas ilustrações menores e secundárias. Chamamos de banner uma faixa em que aparecem escritos. Quando não tem letras se chama faixa.

Um módulo de fundo retangular e filetado é sobreposto por uma faixa que por sua vez é sobreposta por um módulo de marca oval em que está escrito o logotipo ou assinatura da empresa. Assinaturas assim se chamam lettering. A frase que aparece abaixo da faixa é um slogan.

que o fabricante trata o produto com cuidado e que portanto o produto tem mais qualidade e valor. É assim que o design agrega valor ao produto, mostrando que ele tem o que dizer, que a informação e os elementos visuais colocados na embalagem foram elaborados com atenção e cuidado, e que o fabricante, por meio do design, demonstra sua dedicação e apreço pelo que fabrica.

O contrário também é verdadeiro. Produtos em que os elementos visuais foram tratados sem cuidado demonstram ao consumidor a pouca atenção que o fabricante dedica a seu próprio produto, prejudicando a percepção de valor que este desperta.

É fundamental que os designers compreendam esta questão pois precisamos estar conscientes do nosso papel na batalha do marketing. *O marketing é uma batalha de percepção* e o design de embalagem nos produtos de consumo é responsável por boa parte do valor percebido pelos consumidores. Quando nos dedicamos de verdade a um produto, estudamos, planejamos e desenhamos com cuidado e atenção cada um dos elementos visuais que compõem sua embalagem; esse trabalho se incorpora ao produto tornando-se parte integrante de sua personalidade e valor. O design é, portanto, um valor genuíno que se incorpora ao produto e não um acessório estético para torná-lo mais agradável.

Reunidos os elementos que serão diagramados, é preciso definir o fundo sobre o qual esses elementos serão dispostos. O fundo modula o contraste dos elementos colocados à sua frente, e podemos dizer que o contraste é o principal responsável pela "leitura" e a definição da imagem que está sendo apresentada.

Já se foi o tempo em que o fundo era apenas uma área chapada de cor, um degradê ou quadriculê simples, somente para cumprir a função. O fundo da embalagem, hoje em dia, é tão importante quanto a frente, e precisa ser trabalhado para compor um "ambiente" que harmonize e exalte a composição dos demais elementos.

Texturas, luzes, imagens entonadas, marcas-d'água e outras soluções devem ser trabalhadas para fazer com que o fundo também seja um componente importante e significativo na embalagem.

O fundo também é responsável pela cor que o produto terá. Devemos olhar para a embalagem que estamos desenhando e perguntar: "qual é a cor deste produto?", e devemos ser capazes de responder com clareza qual é a cor do produto. Isso é importante porque a cor é o principal elemento da comunicação e também da personalidade do produto. Sendo responsável pela localização do produto nas gôndolas onde ele será visto primeiramente como uma mancha de cor antes de ser visto como elemento visual isolado.

Combinar cores que se complementem e exaltem umas às outras é a forma mais eficiente de fazer uma embalagem chamar a atenção, e esta é a primeira missão que uma embalagem deve cumprir com eficiência, pois, se o consumidor não vir o produto, as outras funções nem sequer serão acionadas. Não devemos ter medo de colocar cor nos produtos, mas devemos sim nos aplicarmos com vigor neste tema, estudando (mais uma vez) a linguagem visual da categoria para poder posicionar nosso produto com destaque entre seus concorrentes. Assim como os designers devem estudar e colecionar as boas soluções encontradas para os *splashes*, também devem fazer o mesmo com relação às cores. Conhecer a escala cromática e a relação entre as cores é fundamental, pois as cores têm personalidade, expressam estados de espírito, evocam uma série enorme de sensações, e tanto podem trabalhar contra como a favor daquilo que um produto deve transmitir. Por isso devemos nos dedicar ao estudo das cores, prestando sempre atenção naquilo que está funcionando em uma determinada gôndola, e assim por diante.

Finalmente, a escolha da tipologia. Os tipos de letra ou fontes utilizadas na embalagem constituem parte importante da personalidade e ajudam a criar uma ambientação para o produto.

Existem rótulos compostos exclusivamente por letras que conseguem transmitir imagens e significados bastante complexos. Isso nos dá uma idéia do quanto a escolha de uma tipologia adequada pode ajudar na construção da imagem e do valor do produto. A escolha das letras a serem utilizadas deve, portanto, obedecer a uma seleção cuidadosa. Elas precisam trabalhar juntas e se harmonizar na composição, exaltando o que o produto tem de melhor e transmitindo com clareza as informações de que o consumidor precisa para decidir sua compra.

Variar fontes e estilos de letras é tarefa para quem conhece bem seu ofício, quem ainda não tem um conhecimento mais profundo deve evitar ficar misturando tipos, pois isso só serve para confundir a informação e freqüentemente acaba prejudicando a personalidade do produto. Aqui também vale a recomendação de estudar o que está sendo feito de melhor na categoria a que o produto pertence e nas categorias de produto que têm afinidade com o que estamos desenhando.

Reunidos todos os elementos, chegou a hora de diagramá-los e montar a embalagem.

Os elementos são todos dispostos sobre o fundo de acordo com a hierarquia da informação e agrupados em blocos informativos evitando "salpicar" a informação ou "jogá-la" sobre o espaço. Primeiro o nome, depois a imagem predominante, o splash e/ou a marca do fabricante, os elementos visuais de apoio, o texto legal, e assim por diante conforme o posicionamento e a personalidade que se pretendem para o produto. O fundamental aqui é que o conjunto seja legível e compreensível, destacando-se aquilo que é mais importante do que é secundário.

Cuidado com o texto legal que obedece a disposições legais, variando em conteúdo informativo, estilo de texto e tamanho das letras conforme a legislação pertinente a cada categoria de produto, que deve ser rigorosamente respeitada.

Na montagem da embalagem é importante utilizar todos os painéis disponíveis, aproveitando os espaços para oferecer aos consumidores informações sobre o produto, o fabricante e também informações promocionais e de marketing como já descrevemos. Todos os painéis da embalagem têm de conter o nome e a designação do produto, e *nunca* se

---

O splash dá vida e vibração à embalagem destacando os atributos principais do produto e seu apelo de vendas.

Faixas e banners trabalham em conjunto com os splashes fazendo com que algumas informações se destaquem do texto legal.

Este é o splash típico. A explosão pode assumir uma infinidade de formas mas seu conceito é um só, comunicar uma informação de modo "explosivo".

Splashes ilustrados com vinhetas, fotos ou ilustrações são utilizados como recurso para reforçar uma informação decisiva para a compreensão do que a embalagem tem de mais importante a oferecer.

A nuvem ou balão também pode assumir mil formas e cores. Não é explosiva mas cria uma moldura isolando o texto do restante da embalagem e assim destacando-o.

O bottom cria um ponto focal para onde converge a atenção do observador. Seu poder de atração é enorme e o texto circular freqüentemente associado a ele uma das marcas registradas do desenho de embalagem por significar selo ou carimbo. Neste bottom vemos uma chamada colocada em um produto lembrando o consumidor de comprar um outro da mesma empresa.

O fundo da embalagem é uma imagem da tela do computador simulando o efeito visual do jogo.

Sempre que possível e for pertinente, deve-se produzir um fundo como forma de valorizar o desenho como um todo. Neste caso o fundo dá vida e movimento ao conjunto.

Na repetição da embalagem podemos programar o efeito visual do conjunto. Note o brilho branco nas embalagens azuis embaixo; veja como ele dá vibração e movimento chamando a atenção para elas.

deve repetir o painel frontal no verso, pois isso demonstra que não temos o que dizer sobre o produto, o fabricante ou outras informações a dar, e por isso repetimos o painel. Pode também parecer preguiça.

A montagem da embalagem deve ser completa, e o designer precisa primeiro montá-la completamente para depois mexer nos elementos, ajustando-os, questionando-os ou mesmo substituindo-os.

Não se deve ficar analisando e mudando os elementos isoladamente durante a montagem, mas dispô-los todos até o final, até a embalagem estar completa, e só depois alterá-los.

Uma vez montada a embalagem, é preciso repeti-la simulando uma apresentação em gôndola ou prateleira, para sentir como funciona o efeito repetição ou *mass display*. Nesse momento, ajustes podem ser feitos para melhorar o ritmo e a vibração do conjunto. Por exemplo, se uma imagem atravessa o painel frontal de fora a fora, podemos fazer com que ela se junte à outra ponta para que na repetição a imagem se encaixe, dando fluidez e continuidade ao desenho. Podemos também combinar o painel frontal com o lateral integrando visualmente suas mensagens e criando possibilidades de combinações que destaquem o conjunto.

Ajustado o efeito display, devemos montar um protótipo ou *mock-up* da embalagem em tamanho real para aí sim examiná-la detalhadamente para o ajuste final antes da apresentação.

Quem desenha embalagem sistematicamente deve ter uma gôndola de supermercado no estúdio para poder dispor o produto e analisá-lo na mesma posição e distância que o consumidor o fará.

Além da simulação, a gôndola serve também para a confrontação do produto com seus concorrentes, pois se a embalagem desenhada perder na comparação direta com os seus concorrentes, o projeto precisará voltar a ser retrabalhado.

Estes são os procedimentos básicos para o desenho da embalagem que precedem a apresentação ao cliente. Ao observarmos a embalagem que iremos apresentar, devemos nos perguntar se ela está de acordo com a estratégia que traçamos antes de dar início a esta fase do projeto e estarmos seguros de que o projeto responda plenamente o que foi solicitado no briefing. O próximo passo é apresentar a embalagem ao cliente.

Quem desenha embalagens deve ter uma gôndola na qual possa montar a categoria com os concorrentes e fazer simulações de estudo, tanto para observar o confronto direto do que foi criado como para analisar a repetição das embalagens.

Nesta página descreveremos o conjunto de elementos que foram reunidos para compor a embalagem final. Cada um deles teve de ser planejado e produzido para se juntar ao desenho. Trata-se de um produto, na época, inovador, inédito e difícil de explicar.

No logo do produto a expressão "preparo rápido" faz parte do nome.
O logo "Água e Pronto" é apoiado por um fio de base em forma de colher que surge no sentido contrário à entrada do garfo.
O logo "Essencial Alimentos" assina como marca de fabricante e sugere produtos da natureza ou do campo.

FUNDO

Elemento expressivo criado para compor um painel sobre o qual as informações são reunidas. Nesta embalagem o fundo foi pensado para o efeito display na gôndola.

Produto prático e moderno (supermoderno para a época) voltado para um consumidor urbano que aprecia produtos gourmet, inovadores e com design diferenciado.

Os desenhos originais mostram alguns passos da criação da embalagem final.

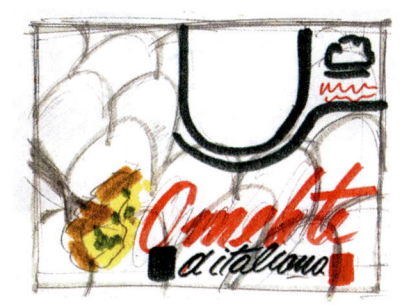

Raffe da embalagem com a idéia básica do design.

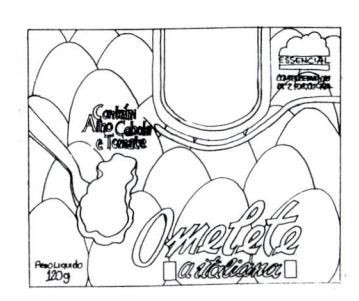

Desenho a traço evoluindo o conceito antes do desenho final.

O *splash* anuncia que "Já vem com ovo" para não confundir com tempero, por isso se encaixa na palavra omelete compondo um único bloco informativo.
A variedade é expressa em um banner que sugere a bandeira do país citado ou o próprio ovo no sabor caseiro.
O garfo com design arrojado apresenta o produto pronto para degustar.
Em cada sabor o omelete tem um formato significativo.
Completa o conjunto a informação legal: "contém 2 envelopes de duas porções cada e peso líquido de 100 gramas".

DESIGN DE EMBALAGEM – CURSO BÁSICO

Imagem ilustrativa do estudo de campo com a estrelinha indicando o foco de ação do projeto. Neste caso, a estratégia era atacar no ponto de menor resistência da categoria.

Ilustração das embalagens propostas. A oportunidade era acrescentar a foto do hot-dog e do hambúrguer (nenhum dos concorrentes mostrava fotos).

A embalagem final como foi produzida. Notem que o hot-dog ganhou mais destaque sendo deslocado para dentro do painel frontal; é importante que os layouts e *mock-ups* apresentados sejam o mais próximo possível do que será a embalagem final.

Apresentação do Conceito de Design

A apresentação do conceito é o ponto culminante de um projeto de design. Existe toda uma expectativa desde o início do trabalho quanto ao resultado alcançado. A cerimônia de apresentação deve valorizar o trabalho realizado e ser tratada de acordo com a importância do projeto e de seus desdobramentos. Devem-se evitar improvisos e excesso de informalidades neste momento e, sempre que possível, o cliente deve ser retirado de seu ambiente de trabalho para que possa se concentrar melhor na avaliação do que está sendo apresentado, sendo convidado a ir até a agência ou estúdio para a apresentação.

O passo a passo da apresentação correta exige que, antes de mostrar o desenho, os pontos-chave buscados pelo cliente e pelo designer, que foram estabelecidos no briefing inicial, nas observações do estudo de campo e na estratégia de design proposta, sejam repassados para fixar os parâmetros que devem servir de referência para a avaliação do que será mostrado. A apresentação desses pontos deve ser feita na tela do computador ou em pranchas formato A3.

O design pode ser apresentado na tela do computador, em pranchas ou em *mock-ups* (modelo ou protótipo) conforme os recursos e preferências de cada um. Todos os painéis e detalhes da embalagem e seus "porquês" devem ser apresentados passo a passo e explicados com calma para que o cliente compreenda o trabalho realizado como um todo.

Além da embalagem, simulações de gôndola com a representação da embalagem repetida várias vezes são necessárias, pois o consumidor nunca vê o produto individualmente, mas em grupo com o painel frontal repetido lado a lado. Os efeitos *display* e *mass display* devem ser exibidos e explicados.

Comparações com a embalagem anterior no caso de *redesign* também são recomendadas.

O designer deve sempre apresentar seu trabalho com serenidade sem pressionar o cliente, tentando arrancar uma aprovação. Nossa experiência demonstra que o "bom design" vence, não sendo necessário defendê-lo com argumentos verbais. Se a imagem não é suficiente para empolgar o cliente, devemos discutir com ele os pontos que não estão atendendo às premissas estabelecidas no início do projeto para rever o desenho à luz dessas observações.

Nunca devemos esperar que um cliente saia em campo para competir com uma embalagem em relação à qual ele tem dúvidas e não esteja confiante.

A reunião de apresentação do design, apesar de extremamente importante, deve ser entendida como uma das etapas da metodologia de projeto. Correções, refinamentos e mesmo sugestões que melhorem o resultado alcançado até então devem ser bem-recebidos e nunca considerados derrotas para o designer.

Aliás, em um projeto de design de embalagem, não é o designer que deve ser "aprovado", mas a proposta apresentada. Se ela não estiver bem-resolvida, merecer reparos ou mesmo a desaprovação, o designer não deve se deixar abater, mas procurar compreender o que está faltando para melhorar e evoluir o seu trabalho. Mesmo os melhores e mais experientes designers já tiveram projetos recusados, muitas vezes por aspectos que eles não se deram conta no desenvolvimento do projeto.

O cliente precisa ser ouvido a respeito de seu conhecimento sobre o produto e sobre o mercado no qual ele concorre, sendo assim respeitado e aproveitado pelo designer, pois o cliente deve ser considerado parte integrante da equipe responsável pelo projeto e não um juiz que decidirá a sorte do trabalho todo.

A participação positiva do cliente melhora a qualidade do projeto final, e ele deve sempre ser estimulado a dizer o que pensa e o que está sentindo sobre a proposta apresentada. Um projeto de design de embalagem não é uma "obra de autor", mas um trabalho de equipe, e assim precisa ser entendido.

Tudo o que for discutido nessa reunião deve ser anotado para orientar os próximos passos, sejam os refinamentos necessários ou a entrada do projeto em produção no caso de a proposta ter sido aprovada.

Ilustração apresentada ao cliente para aprovação da embalagem.

Embalagem final que está no mercado. O personagem foi criado no layout e depois finalizado como ilustração; o cromo do produto já existia e foi reutilizado na nova embalagem.

A computação gráfica permite a repetição da embalagem para o estudo e programação de sua repetição em gôndola. É obrigatório mostrar ao cliente esta simulação, pois o consumidor sempre verá a embalagem em grupo.

Nesta imagem do início da computação gráfica no Brasil (final dos anos 80) vemos o encaixe da imagem de fundo compondo um campo de flores.

Em alguns protótipos usados nas apresentações aos clientes várias técnicas são utilizadas para simular plástico, metal, vidro e outros materiais; os de plástico são muito difíceis de produzir em estúdio.

A Implantação do Projeto

Uma vez aprovado o design, a primeira providência é contatar o pessoal técnico da empresa que irá produzir a embalagem para uma reunião de pré-produção.

Nessa reunião, que deve contar com a presença do responsável pelo cliente, são esclarecidas as características da produção, eliminadas dúvidas e feitas as considerações necessárias ao bom resultado do trabalho final. A partir daí são providenciados textos finais, imagens, fotos, quadros, informativos, ilustrações e demais elementos necessários à produção da arte-final que deve ser montada sobre o desenho técnico e aprovada pelo cliente.

Fotolitos, impressão e fabricação devem ser acompanhados pelo designer que segue o processo até o trabalho estar concluído. O designer deve participar também do estabelecimento dos padrões aceitáveis para que o cliente por meio de seu departamento de compras aceite ou rejeite os futuros fornecimentos.

Uma vez que o primeiro lote de embalagens chegue ao mercado, é recomendável que o designer e o cliente visitem juntos o ponto-de-venda para conferir *in loco* o resultado do trabalho. Nessa oportunidade podem propor ajustes que possam ser implementados na próxima impressão, caso sejam necessários.

E assim se encerra um projeto de design de embalagem. Nem sempre na pressa do cliente e na correria das empresas de design se consegue seguir à risca estes procedimentos, mas caso se deixe levar pela urgência, pela preguiça ou pela desorganização e não proceda corretamente na condução do projeto, o designer ou a empresa de design não alcançará o alto nível profissional que deve ser o objetivo de todos aqueles que exercem um trabalho técnico.

Fotografia produzida para uma embalagem. Todos os elementos que aparecem nesta foto foram conseguidos e arrumados na cena por um profissional que denominamos produtor, que trabalha junto com o fotógrafo em fotos especiais.

A produção de *mock-ups* ou protótipos é providenciada nesta fase de pré-fabricação da embalagem.

Nesta foto aparecem os primeiros protótipos de embalagens feitos em estereolitografia no Brasil.

Contratar ilustradores e providenciar as ilustrações que comporão a embalagem final é uma das atividades desta fase. Esta ilustração de um campo de lavanda era o fundo de um aromatizador de ambientes.

O MUNDO DA PRODUÇÃO GRÁFICA

Nas agências de design a implantação fica a cargo do departamento de produção gráfica, constituindo uma outra especialidade a cargo de profissionais dedicados a esta atividade.

Na fase de implantação do design aprovado, todos os elementos que até este momento serviam para visualizar o resultado pretendido têm de ser transformados em realidade. Esta é uma fase crítica do projeto, pois tudo o que foi proposto pelo designer pode ser materializado para melhor ou para pior. Por isso o designer deve dedicar-se com o mesmo empenho na criação e na produção da embalagem acompanhando todo o processo.

Relação dos Itens Que Entram na Fase de Implantação

1 – Plantas e desenhos técnicos
2 – Código de barras
3 – Marcações de registro de fotocélula
4 – Textos legais e obrigatórios
5 – Textos de conceito ou promocionais
6 – Textos em outro idioma (traduções)
7 – Ilustrações, vinhetas, ícones etc.
8 – Gráficos e quadros
9 – Fotografias (efeitos fotográficos)
10 – *Splashes*, faixas e banners ilustrados
11 – Informações de reciclagem
12 – Artes-finais e arquivos digitais
13 – Provas de arte-final
14 – Filmes, fotolitos e protótipos
15 – Provas de filmes, fotolitos e prototipagem
16 – Seleção e aprovação de materiais para a confecção da embalagem (papéis, filmes, metais, vidro etc.)
17 – Provas de pré-impressão sobre os materiais
18 – Acompanhamento da primeira produção
19 – Estabelecimento dos padrões de qualidade aceitáveis
20 – Revisão final do projeto no mercado
21 – Recomendações para eventuais correções e melhorias

Nem todos estes itens estão presentes em um mesmo projeto, mas são os assuntos e detalhes que devemos cuidar nesta fase.

As caixas de embarque merecem atenção e cuidados especiais, principalmente na comunicação necessária à paletização e ao controle de estoque.

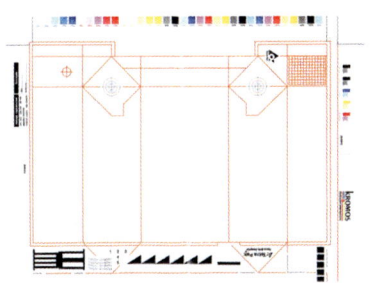

Plantas e desenhos técnicos são críticos para a produção da embalagem. Um erro aqui pode resultar em grandes prejuízos de tempo, materiais e valores.

O autor em estudo de campo fotografando produtos em gôndola para avaliação final dos projetos. Fotos em supermercados só podem ser tiradas com autorização da direção do estabelecimento. O normal é o estudo ser feito apenas tomando notas das observações do local.

PARTE 3

Estudos de Casos

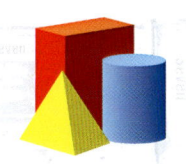

"Um Produto é uma entidade complexa e a embalagem um componente fundamental desta entidade."

Introdução aos Estudos de Casos

Os 18 casos que apresentamos a seguir demonstram a aplicação prática dos conceitos descritos neste livro desenvolvidos ao longo dos anos pelo autor e sua equipe. Esses casos foram selecionados por representar as várias abordagens estratégicas que podem ser adotadas e os usos que se pode fazer da embalagem no mix de marketing das empresas.

Em todos eles, os resultados obtidos demonstram a importância do bom design de embalagem para o sucesso de empresas e produtos.

Quando citamos os resultados obtidos, levamos em consideração o trabalho da empresa, o cliente e os colaboradores que participaram do projeto. Sabemos que a embalagem, como dissemos, é fruto de um esforço conjunto de pessoas e empresas e que os resultados se devem ao trabalho e vigor desse conjunto, e não apenas do design da embalagem. Entretanto, estes casos tiveram na embalagem um fator decisivo para os resultados alcançados porque o design de embalagem funciona como catalisador e ponto central de uma série de impulsos positivos que ocorrem em cadeia, desde entusiasmar a empresa pelo seu próprio produto até despertar o desejo de compra do consumidor.

Nos casos aqui apresentados, o design da embalagem foi decisivo para os resultados alcançados e o principal componente no mix de marketing, uma vez que na quase totalidade dos casos o produto contou apenas com a embalagem para competir no mercado.

Apresentamos também alguns casos desenvolvidos para a indústria da embalagem, pois acreditamos que, além da integração do design com a indústria para o bom resultado dos projetos, os fabricantes de embalagem devem buscar no design uma ferramenta estratégica para seus negócios e o atendimento de seus clientes em uma via de mão dupla.

Ou seja, o design de embalagem é um componente estratégico para a indústria de embalagem tanto quanto é para as empresas que utilizam as embalagens em seus produtos.

Embalagem display fotografada num supermercado de Paris. Já vem montada e com os produtos dentro. É paletizada e basta ser aberta para formar uma ilha de venda dos produtos.

O desenvolvimento da metodologia e da maneira de pensar do design de embalagem apresentado neste livro teve início em 1987 quando o autor assumiu a direção de criação da Seragini Young & Rubican.

Nessa época surgia a computação gráfica, e uma revolução no design estava começando; o Macintosh em cores ainda não havia chegado.

As possibilidades se multiplicaram e permitiram que uma nova maneira de conduzir o projeto fosse criada. Nossa primeira estação gráfica, uma amiga 1000 da Comodore, oferecia 16 cores em alta definição.

Treze anos depois, o mundo mudou, a tecnologia mudou e a metodologia de design foi aperfeiçoada, e sua aplicação prática pode ser vista nos estudos de casos das próximas páginas.

Sorvetes Misty

Na época deste projeto, o mercado brasileiro de sorvetes estava acomodado nas mãos de empresas grandes que por sua escala de produção não tinham muita flexibilidade para mudar suas embalagens. Uma oportunidade clara para empresas arrojadas como a Misty, que, embora pequena, não pensou pequeno na hora de investir no design de sua embalagem.

A Misty é uma pequena indústria de sorvetes cuja principal força é a qualidade e inovação de seus produtos. O design entrou na vida desta empresa para se tornar parte integrante do conceito que ela construiu no mercado.

Podemos dizer que a Misty se posiciona como uma empresa que está no negócio de produzir sorvetes com design, ou seja: o design de embalagem é um componente tão importante para seu produto como o leite, as frutas e o chocolate.

A empresa adotou princípios de design rigorosos que se aplicam a todos os produtos. O primeiro lançamento foi o picolé de massa no palito, uma novidade no mercado brasileiro em 1991.

Objetivo do Projeto

Apresentar ao mercado brasileiro um novo conceito de picolé com recheio de massa e cobertura de chocolate em tamanho e proporções generosos. O produto tinha qualidade e sabor superior e posicionamento *premium* com preço bem acima dos picolés existentes no mercado.

Estudo de Campo

O estudo de campo revelou que os picolés eram apresentados em embalagens *flow pack* com baixa qualidade gráfica e percepção de valor.

Havia claramente a oportunidade de se apresentar algo novo em termos de estrutura e qualidade de impressão.

Estratégia de Design

A estratégia adotada foi aproveitar a debilidade da categoria para introduzir um novo conceito de produto *premium* e inovador. A embalagem proposta foi um cartucho de cartão frigorificado com aplicação de relevo e verniz impresso em off-set, com fotografia especialmente produzida. Dentro do cartucho, um *flow pack* de filme metalizado impresso com o logo da empresa (os outros eram em papel monolúcido) dava um toque de requinte surpreendente e obrigava uma nova abertura reforçando a sensação de exclusividade. Tudo isso criava a percepção de se ter em mãos algo de valor, cuidado e protegido.

A imagem do sorvete mordido para mostrar o recheio e despertar o *appetite appeal* era acompanhada da frase "incrível, massa no palito", uma frase publicitária para exaltar o lado surpreendente do produto.

Tudo isso junto criou uma embalagem completamente nova e extremamente atrativa. A estratégia adotada foi trabalhar pelo excesso, para tirar o produto da competição direta com o que existia, e posicioná-lo em um espaço próprio, muito acima do patamar anterior.

Esta estratégia também objetivava fazer com que o produto final sustentasse o preço alto bem acima dos concorrentes convencionais.

Resultados Obtidos

A nova embalagem causou furor no mercado e gerou uma onda de admiração e impulsos positivos, chamando a atenção para a pequena Misty, que viu as portas do mercado se abrirem para ela.

A imprensa deu destaque e o produto ganhou muita publicidade gratuita.

A empresa percebeu o que um design surpreendente fazia por ela e incorporou este conceito em seus futuros lançamentos.

Pote de Sorvete de Massa

Devido ao grande sucesso do picolé de massa no palito, a Misty descobriu que poderia fazer da embalagem o grande diferencial percebido de seus produtos e estava aberta a novas propostas.

O pote de papel impresso em off-set em um cartão frigorificado e plastificado permitiu pela primeira vez que imagens fossem impressas em uma embalagem de sorvete. Nessa época, o líder dispunha de um pote plástico cônico, sem impressão e com um rótulo redondo na tampa.

O novo pote, desenvolvido exclusivamente para a Misty, a partir das embalagens utilizadas por queijos especiais à época, além de inédito, representou uma inovação tão grande que obrigou toda a categoria, inclusive a líder do mercado, a rever suas embalagens.

Embalagem premiada, o novo pote dos sorvetes Misty consolidou a imagem de empresa inovadora e vanguardista, abrindo caminho para que se posicionasse como uma indústria muito diferente das demais, colocando-a em uma posição de reconhecimento e destaque.

A Misty é um exemplo de empresa que faz do design de embalagem uma expressão de sua personalidade e o diferencial percebido de seus produtos, conquistando o sucesso e admiração do mercado.

A partir da embalagem do picolé, a Misty não parou mais de utilizar o design como uma ferramenta de marketing para seus produtos.

Foi a primeira a lançar o pote de cartão frigorificável...

... e, na seqüência, o sorvete Turma da Mônica inovou duplamente, no pote e no uso de personagens. Esta embalagem fez grande sucesso e recebeu prêmios por seu design inovador.

Tintas Lukscolor

A Lukscolor é um exemplo de empresa pequena que soube fazer do design de embalagem um diferencial competitivo de seus produtos no confronto direto com grandes empresas internacionais que dominam o mercado de tintas. Suas embalagens sempre se destacaram por sua personalidade visual.

A Lukscolor era um pequeno fabricante de tintas para construção civil, concorrendo em um mercado dominado por grandes indústrias internacionais.

A empresa identificou na embalagem o único recurso que dispunha para atuar no mercado e buscou um design que pudesse chamar a atenção para seu produto e abrir as portas do mercado.

O primeiro produto desenhado em 1989 foi o esmalte sintético, seguido do esmalte utilitário para a pintura de máquinas, equipamentos eletrodomésticos e as tintas látex e acrílica.

Por ter alcançado um grande sucesso com suas embalagens, a Lukscolor fez do design o ponto central de sua estratégia de marketing.

Objetivo do Projeto

Dando seqüência aos lançamentos, a empresa decidiu lançar um verniz com duplo filtro solar para complementar a linha de produtos.

Estudo de Campo

O estudo de campo revelou que ainda predominavam no mercado a linguagem visual gráfica e a ausência de imagens nas embalagens de tintas e vernizes.

Verificamos também que este projeto ocorria em um momento em que os home centers e a venda no sistema de auto-serviço começavam a ganhar corpo no segmento de materiais de construção.

Havia ainda o movimento no sentido de valorizar o conceito de "faça você mesmo", incentivando o trabalho de pintura e pequenos serviços de melhoria da residência.

Juntando tudo isso, ficou claro que a oportunidade estratégica que se apresentava era posicionar o produto nesta onda, tratando-o como os demais produtos de consumo que adotam imagens para atrair o consumidor e despertar o desejo de compra.

A nova embalagem tinha de ser visualmente atrativa e estimular o consumidor com imagens e informações em destaque (*splashes*), além de conter informações que permitissem o "faça você mesmo".

Estratégia de Design

A solução adotada nesta embalagem foi incluir uma cena do tipo "lar, doce lar", com uma casa de madeira envernizada. Estacionado ao lado da casa, um veleiro de madeira indica o uso naval do produto, o que reforça sua imagem de qualidade.

Vários *splashes* destacam os atributos e diferenciais do produto e o conjunto todo foi aplicado sobre um fundo "envernizado".

A aplicação de verniz amarelo diretamente sobre o metal deu à lata uma imagem dourada e a sensação exata do efeito do verniz, afinal, a própria embalagem era "envernizada".

Resultados Obtidos

Este produto inovou mais uma vez no segmento ao introduzir uma cena com a casa como imagem principal da embalagem. Hoje as embalagens de tinta apresentam esse tipo de imagem, mas a Lukscolor foi a primeira, beneficiando-se com o pioneirismo de sua embalagem.

O novo verniz Lukscolor desenhado em 1995 reforçou a imagem da empresa, que soube fazer da embalagem seu grande trunfo para crescer e conquistar posição em um mercado dominado por grandes empresas multinacionais, colocando-se muitas vezes na vanguarda visual do setor.

Depois do verniz, a Lukscolor continuou a lançar produtos com embalagens inovadoras.
Este moderno protetor de metais são na verdade os tradicionais fundos, tipo zarcão, considerados pelo mercado como produtos que não merecem um tratamento visual mais elaborado.

Copos Marimar

A CIV (Companhia Industrial do Vidro) é um dos três maiores fabricantes de embalagens de vidro do país e fabrica, além das embalagens, uma linha de produtos domésticos.

Os copos, jarras e tacinhas de vidro compõem uma linha de produtos voltados para as camadas populares com um preço acessível aos consumidores de baixa renda.

Objetivo do Projeto

Lançar uma nova linha de copos para competir no segmento de copos populares e de baixo custo.

Estudo de Campo

O estudo de campo revelou que este tipo de produto adota como embalagem uma luva de cartão com janelas laterais que permitem visualizar os copos. Essas embalagens, quando empilhadas nas prateleiras, oferecem aos consumidores sua lateral recortada como painel de comunicação do produto.

A grande descoberta do estudo de campo foi o fato de o painel principal de venda do produto ser o lateral e não o painel superior, como era tratado por todos os concorrentes. Essa descoberta foi fundamental para a estratégia do projeto.

Estratégia de Design

No estudo de campo ficou claro que a oportunidade estratégica estava em criar um painel lateral de comunicação para transmitir o nome e a personalidade do produto.

Isso foi feito pela abertura da janela em um único copo, mantendo fechada as outras duas. Assim, um painel lateral foi criado e o logotipo com o visual do produto aplicado em tamanho grande para criar impacto e obter a vantagem competitiva no ponto-de-venda.

Resultados Obtidos

O impacto das novas embalagens obteve resultados imediatos, elevando as vendas que chegaram a triplicar, animando a empresa a investir nesta linha de produtos e abrir uma linha de exportação, pois percebeu que tinha em mãos um produto forte e competitivo.

Um dos benefícios do bom design de embalagem é entusiasmar a empresa pelo produto, e foi isso que a nova embalagem dos copos Marimar conseguiu.

Por ser um produto popular, com baixo valor agregado, este tipo de copo apresentava embalagens de baixo custo com impressão em duas cores e um tratamento visual moderno.

Quando empilhadas nas gôndolas as embalagens eram vistas desta forma pelos consumidores, pois o painel lateral era na verdade o painel de exposição do produto.

A solução foi criar um painel de comunicação lateral cobrindo dois copos e mostrando apenas um.

Outro mérito deste projeto foi mostrar que os produtos voltados para os consumidores de baixa renda, quando recebem o mesmo cuidado e tratamento dedicados aos produtos de maior valor, são bem-recebidos por eles, que se sentem valorizados e felizes por poderem comprar artigos de maior valor percebido. Esse foi um dos motivos do grande sucesso alcançado pelos copos Marimar.

A venda de copos produzidos pela CIV triplicou em dois anos com os novos lançamentos.

Fica clara a vantagem obtida no ponto-de venda por esta nova embalagem.
Os resultados de venda apenas traduziram a situação das gôndolas com o produto avançando no mercado e conquistando cada vez mais espaço.

Por serem bons, bonitos e baratos, mas com uma embalagem bem-cuidada e atraente, os copos Marimar caíram nas graças dos consumidores que deram valor ao produto e ficaram contentes por poder adquiri-los.

O sucesso dos copos Marimar estimulou a empresa a lançar novos produto e a buscar maior participação no mercado internacional.

Os líderes da categoria estabeleceram um padrão visual gráfico e estrutural: um cartucho de cartão com 12 unidades.

Este padrão foi adotado por todos os concorrentes formando-se o que chamamos de linguagem da categoria. Existem pelo menos umas 20 marcas e outras tantas marcas próprias das redes de supermercados que adotam o mesmo padrão e concorrem por preço, uma vez que não apresentam nenhum diferencial.
Como romper este círculo e abrir uma brecha na categoria?

Yankee Burger

Glenmark é um frigorífico americano do mesmo grupo da Braslo, que fabrica no Brasil os hambúrgueres do McDonald's. Enquanto a Braslo só fornece para o McDonald's, a Glenmark tem uma linha de produtos vendida em surpermercados.

Por ser praticamente desconhecida, a Glenmark tinha dificuldade de colocar seu produto no mercado, pois as ilhas refrigeradas dos supermercados já abrigavam as marcas líderes em um espaço limitado e muito concorrido.

As embalagens desta categoria são feitas em cartão contendo 12 hambúrgueres, e a Glenmark havia adotado a mesma solução para poder participar. Essa solução não funcionou.

Objetivo do Projeto

Encontrar uma solução para introduzir o hambúrguer da Glenmark nas gôndolas refrigeradas dos supermercados.

Estudo de Campo

O estudo de campo revelou que toda a categoria adotava o mesmo tipo de embalagem.

O estudo dos principais concorrentes mostrou que se tratavam de frigoríficos originários da imigração européia no sul do País.

Ficou claro no estudo de campo que havia uma grande oportunidade de se criar algo novo e diferente em uma categoria bastante uniforme.

Estratégia de Design

A solução do problema era sair fora da competição direta com os produtos já estabelecidos e criar algo novo, de preferência inédito e, se possível, surpreendente.

A primeira recomendação foi quanto ao produto, que também poderia ser diferente, já que o objetivo era inovar.

O tradicional hambúrguer americano para churrasqueira é um produto autenticamente americano e ainda não existia no Brasil. A embalagem deveria ser diferente e expressar esse caráter original do produto.

A mudança de grafismo não seria suficiente para fazer com que o produto fosse percebido como algo realmente diferente. Procuramos no ponto de venda para ver se havia nas seções de refrigerados algo já desenvolvido e que poderia ser utilizado, e encontramos a solução na seção de pescados.

A estratégia foi embalar o produto em um saco plástico laminado com um berço termoformado dentro, formando uma bandeja para acomodar 4 hambúrgueres e manter a embalagem estruturada.

O visual, assumidamente americano, completava o posicionamento diferenciado do produto.

Resultados Obtidos

O Yankee Burger abriu uma nova perspectiva para a Glenmark, pois foi saudado como algo novo em um mercado há muito sem novidade.

Ao sair da mesmice, o produto cumpriu seu objetivo de penetrar no mercado e posicionou visualmente a Glenmark como uma empresa arrojada e inovadora.

Para produzir esta embalagem foi preciso desenvolver um berço interno termoformado e uma combinação de filmes co-estruturados que envolveram a participação dos fornecedores da indústria de embalagem em um trabalho integrado: agência, cliente e indústria.

A solução foi "romper com a linguagem da categoria" apresentando algo diferente.
O objetivo era conseguir entrar no supermercado e conquistar um lugar na gôndola refrigerada.
Uma vez no ponto-de-venda, a luta do produto é pela experimentação do consumidor e sua conseqüente recompra, pois com certeza ele verá a embalagem.

Quando adquiriu os produtos Bassi, a Glenmark pôde incorporar a solução criada para o Yankee Burger nos novos lançamentos desta marca.

A categoria dos licores apresenta embalagens elaboradas que buscam expressar a personalidade única de cada produto.
As embalagens antigas dos licores Bols podem ser vistas no canto inferior direito na gôndola.

O primeiro passo foi evoluir o cartucho, mantendo a cor anterior; um pequeno passo, mas que já deu resultados.

Neste período, a Bols lançou o primeiro coquetel fino em lata de alumínio no mercado brasileiro. Uma lata diferente das cervejas e refrigerantes, até então os produtos que utilizavam esta embalagem.

Licores Bols

A Bols é uma tradicional indústria de bebidas que tem nos licores sua marca registrada. A empresa tem uma linha básica com cerca de 10 sabores diferentes e está presente em bares, restaurantes e supermercados. Suas embalagens são o principal instrumento de marketing e ela renova e evolui constantemente seu visual para se manter jovem e atraente.

O projeto cujo caso é abordado aqui representa uma iniciativa da empresa de criar um novo conceito de produto diferente de sua linha básica, aproveitando um ingrediente sobre o qual o Brasil tem muito a dizer: o Bols Coffee Cream é um licor de café e creme holandês voltado ao público mais sofisticado que consome bebidas importadas.

Objetivos do Projeto

Criar uma embalagem de padrão internacional que posicionasse o produto na competição direta com os licores internacionais.

Os principais concorrentes seriam o licor mexicano Kahlúa, produzido na Inglaterra, e o licor Tia Maria, produzido na Argentina.

Esses dois licores de café são apreciados no mundo todo; o Brasil não tinha um licor deste tipo, e o objetivo principal do Bols Coffee Cream era entrar no mercado com um produto cremoso ao estilo dos Irish Creams.

Estudo de Campo

No estudo de campo foi desenhado um mapa com as principais marcas internacionais para se compreender a estrutura e a organização interna desta categoria.

Ficou claro que, a exemplo do que ocorre com os perfumes, os licores buscam embalagens únicas, exclusivas e diferenciadas para transmitir a personalidade do produto, pois cada licor tem uma fórmula, muitas delas secretas, lendárias e centenárias.

Cada um dos licores famosos tem uma história para contar, e a embalagem explora e valoriza essa história tentando construir uma mística do produto.

No estudo de campo estava a indicação precisa do caminho a seguir.

Estratégia de Design

A proposta apresentada partiu do princípio de que o produto tinha de ter história e tradição para poder entrar na categoria pela porta da frente.

A estratégia foi buscar na produção de café das antigas fazendas do Brasil Colonial o berço natal do produto.

Pesquisas foram realizadas para encontrar uma dessas casas para ilustrar a embalagem como documento de autenticidade. A história foi inventada, mas a casa tinha de ser real, verdadeira. A fazenda foi encontrada e com autorização dos proprietários a foto foi produzida.

Além do logotipo e as filigranas características da linguagem visual das bebidas finas, o produto ganhou um estojo de fibralata para completar o conjunto, agregar valor e aumentar o apelo de venda do licor.

Resultados Obtidos

O licor Bols Coffee Cream alcançou seus objetivos sendo bem-recebido pelo mercado que expunha sempre o produto ao lado dos licores importados.

Neste caso, devido ao valor do produto ser elevado, fica mais difícil promover sua experimentação por parte do consumidor, mas isto foi conseguido pela nova embalagem, que venceu este obstáculo sendo comprada e recomprada pelos consumidores exigentes deste tipo de produto.

A evolução da embalagem de licores tradicionais da marca.
Na janela transparente pode ser visto qualquer um dos sabores da linha.
O cartucho é único para todos os sabores.

Embalagem básica.
A cara e o alicerce da marca.
Saco solapa com o furo para pendurar na gancheira.

Supercotton com a malha mais encorpada. No verso as explicações de que o consumidor necessita para compreender e conservar melhor o produto.

Camisa polo. Popular chique numa embalagem sóbria e apropriada ao produto.

Volta às aulas, a melhor época do ano para vender camiseta escolar. Elas vão junto com o material didático. Só a Folha tinha embalagens exclusivas nessa ocasião.

Folha by Hering

Com a mudança de estratégia da Hering que priorizou a venda de seus produtos na sua rede de lojas, foi necessário criar uma nova marca para substituir a marca Hering nas grandes organizações como Lojas Americanas, Carrefour, Extra, Wal-Mart e outras.

O nome escolhido foi Folha by Hering, e teve início o trabalho de criação das novas embalagens cuja responsabilidade não era pequena, pois é muito difícil substituir uma marca como a Hering.

Objetivos do Projeto

Lançar uma nova marca no auto-serviço para substituir a marca Hering.

As novas embalagens precisavam ter personalidade própria, mas ao mesmo transmitir a confiança da marca Hering.

Os novos produtos teriam como único recurso para seu lançamento e conquista dos consumidores suas embalagens.

Estudo de Campo

O estudo de campo revelou que havia novidades no mercado e concorrentes agressivos com propostas de design arrojadas, e também a presença de marcas internacionais que começavam a operar com mais força no País.

Analisando as embalagens do mercado, ficou claro que a fórmula tradicional desenvolvida pela Hering no passado ainda serviria se fosse implementado, além das embalagens básicas, algo mais que pudesse fazer a diferença.

Nossa única saída era fazer alguma coisa que a concorrência não estivesse fazendo, pois não teríamos recursos para divulgar os produtos.

Estratégia de Design

O ponto central da estratégia era usar as embalagens como ferramenta de marketing e, para isso, foi montado um calendário promocional para fazer com que, em cada uma das datas importantes para o varejo, a marca Folha estivesse presente com uma embalagem especial, criada exclusivamente para aquela ocasião.

O programa começou com a volta às aulas, depois Dia das Mães, Dia dos Namorados, Dia dos Pais, Dia das Crianças e Natal. Depois começava tudo de novo.

A idéia é simples, mas para colocá-la em prática é preciso um trabalho integrado do cliente, sua produção, marketing, desenvolvimento de produtos e departamento de compras, fabricantes de embalagens e agência de design.

Isso porque o cronograma precisa partir da data comemorativa para trás com tudo calculado para que a embalagem esteja nas lojas com a antecedência necessária à comercialização, já que ninguém mais compra presente de Natal no dia 26 de dezembro.

Resultados Obtidos

A marca Folha conseguiu rapidamente ocupar o espaço deixado pelos produtos com a marca Hering, sendo aceita pelo *trade* e pelo consumidor.

O calendário promocional funcionou perfeitamente, e os lojistas passaram a contar com as embalagens especiais para aumentar suas vendas. O sucesso dessas embalagens foi tão grande que as tiragens foram ficando cada vez maiores.

As metas de venda da marca foram constantemente batidas chegando a atingir 170% da meta.

Hoje, menos de três anos depois de seu lançamento, a marca Folha está consolidada no mercado conseguindo cumprir sua difícil missão: substituir a marca Hering.

O cartão vem impresso na embalagem, contudo não é necessário escrever Dia dos Pais; se sobrar alguma embalagem, ela ainda funciona em dias normais. Não sobrou nenhuma.

Folha não é só camiseta. Nesta embalagem feminina, há três calcinhas sortidas. Prontas para levar. Normalmente não se vendem calcinhas em supermercados, embaladas desta forma. Mas o produto tem de ir aonde a consumidora vai.

Dia dos Namorados.
Para ele e para ela, um casal de embalagens prontinhas para presentear.

Foi sucesso no Dia dos Pais; a mesma fórmula funcionou no Natal.
É preciso saber aproveitar aquilo que dá resultado.

No estudo de campo descobrimos que falta uma linguagem visual mais definida para o guaraná.

Alguns deles chegavam a se misturar com os refrigerantes sabor limão. A percepção de sabor destes produtos fica prejudicada pois deveria transmitir um sabor "ocre", e não "verde".

Nossa preocupação neste projeto foi colocar cada sabor dentro do padrão visual de sua categoria.

Refrigerantes Schin

A Schincariol começou sua atividade industrial produzindo refrigerantes e ainda hoje mantém sua linha tradicional neste segmento.

Com o sucesso da cerveja e o crescimento da empresa, surgiu a necessidade de lançar uma nova geração de refrigerantes para competir no mercado seguindo os passos da distribuição montada pela cerveja.

Os refrigerantes e as cervejas trabalham juntos compondo um mix de produtos que maximizam o esforço de distribuição, além de aumentar o relacionamento com os parceiros da empresa. É por isso que as principais marcas do mercado atuam dessa forma. Agora, além dos refrigerantes, eles incluíram a água mineral.

Objetivo do Projeto

Lançar uma nova linha de refrigerantes para serem distribuídos junto com a cerveja, completando o mix de produtos da empresa.

A Schincariol também pretendia fazer com que os refrigerantes reforçassem a imagem de modernidade da marca, uma vez que a cerveja é um produto de tradição milenar e precisa estar dentro da linguagem de sua categoria.

Estudo de Campo

Foi realizado um amplo estudo de campo para buscar compreender o mais profundamente possível os detalhes e sutilezas da linguagem visual desta categoria, já que diferente da cerveja, cada refrigerante tem personalidade gráfica e estrutural distinta, fazendo com que a categoria seja composta de indivíduos autônomos com poucos traços em comum.

Montamos uma gôndola com todos os produtos concorrentes nas várias embalagens utilizadas (pet, lata, multipack, caixas) e dividimos por sabor para permitir o estudo detalhado.

O estudo nos supermercados, bares e mercearias concluiu o processo, pois a imagem fixada na embalagem precisaria "assinar" os pontos-de-venda saindo da embalagem para existir na comunicação.

Estratégia de Design

No estudo de campo ficou claro que a Schin será a única marca de refrigerante com os quatro sabores trabalhando juntos com o mesmo nome e imagem visual e que por ser o último a ser lançado poderia utilizar os elementos visuais de linguagem consagrados pela categoria.

A estratégia adotada foi selecionar os elementos de linguagem mais comuns e significativos utilizados pela categoria compondo um novo mix de linguagens.

Assim, as manchas, bolhas, códigos cromáticos e demais elementos da linguagem sofreram uma releitura para gerar "um deles", ou seja: "Um novo refrigerante que faz parte desta categoria, não é um estranho no ninho" e muito menos o que o mercado chama de refrigerantes populares com várias designações pejorativas.

Resultados Obtidos

Desde seu lançamento, o refrigerante Schin (que não existia) foi bem-aceito e vem ganhando participação em um mercado cada vez mais competitivo, em que até os líderes tradicionais vêm perdendo participação.

Mas, talvez, o resultado mais expressivo alcançado seja o fato de o mercado reconhecer que a Schincariol tem uma linha de refrigerantes que acompanha a sua cerveja, que era exatamente o objetivo inicial do projeto.

As embalagens Schin inovaram na versão Pet introduzindo o primeiro rótulo transparente neste tipo de produto.
A visão do líquido permeava todo o desenho.

O código de cor do guaraná Schin tenta lembrar a coloração do produto.

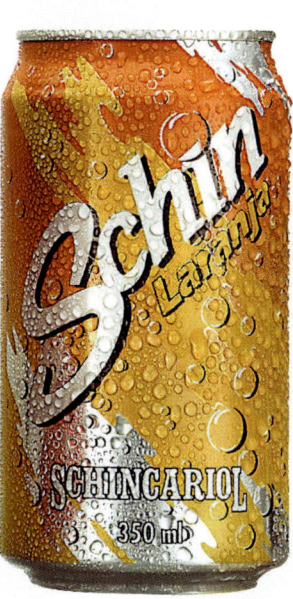

Pial Legrand

Líder mundial em material elétrico, a Pial Legrand vem evoluindo no mercado como uma empresa cujos produtos deixaram o enfoque industrial com que eram apresentados para adotar uma abordagem de marketing, utilizando suas embalagens para transmitir liderança e qualidade superior de sua produção.

Atuando em um segmento que só recentemente passou a adotar intensamente o auto-serviço, a empresa saiu à frente de seus concorrentes para ocupar os espaços abertos pelos novos home centers, com produtos embalados especialmente para esta nova modalidade de comercialização.

O caso da campainha eletrônica Ding Dong é um exemplo bem-sucedido de produto que deixou o padrão visual adotado nos antigos depósitos de materiais de construção para ingressar no novo mundo que está se abrindo para estes materiais.

Objetivos do Projeto

Desenvolver uma nova solução de embalagem para auto-serviço para um produto tradicionalmente comercializado em depósitos com venda em balcão auxiliada pelo vendedor.

A nova embalagem deveria também ser vendida no sistema antigo que ainda predomina pelo interior do Brasil e periferia das grandes cidades.

Precisava, portanto, conquistar um novo mercado sem abrir mão do antigo.

Estudo de Campo

Em poucos projetos o estudo de campo foi tão decisivo para o resultado final como neste caso. Como se trata de um produto técnico, com muitas informações necessárias à sua compreensão e instalação, a embalagem teve de substituir o vendedor, que antes fazia esta função, passando a se responsabilizar sozinha por tudo.

No estudo de campo visitamos depósitos e home centers conversando com os vendedores e consumidores para entender o que estava acontecendo.

O produto que antes se chamava apenas campainha musical ganhou o nome Ding Dong, pois assim era chamado por todos. Além dessa descoberta, o estudo de campo revelou que nos home centers o produto convivia com outros que não eram vendidos nos depósitos, como, por exemplo, os eletroeletrônicos e os eletrodomésticos. Essa foi a grande descoberta, pois na verdade a embalagem não precisaria adotar necessariamente a linguagem visual exclusiva dos materiais de construção.

Estratégia de Design

A estratégia adotada foi eliminar a caixa de papelão microondulado e buscar uma outra solução que permitisse mostrar o produto, uma vez que

Este foi o primeiro passo dado pela empresa para tirar seu produto da venda a granel.

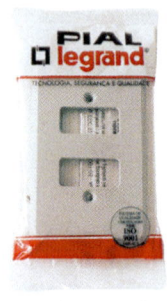

O primeiro passo do projeto de design foi criar uma área para a colocação da marca, organizando o painel frontal da embalagem.

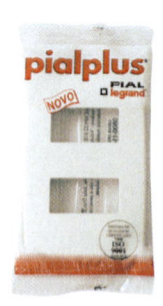

O segundo lançamento foi a linha Pial Plus, que evoluiu um pouco mais a apresentação do produto.

ele não mais ficaria em uma prateleira atrás do balcão, mas à vista e ao alcance do consumidor.

A solução encontrada estava ali mesmo no home center, na seção de eletroeletrônicos. Quando buscamos uma nova solução de embalagem, devemos verificar primeiro se não existe algo nas outras categorias de produto que possa servir para o que estamos buscando.

A embalagem *clam shell* foi adotada por mostrar o produto e as instruções, evitar que ele fosse retirado da caixa e manuseado, pois é inviolável, e ainda foi possível incluir uma bolha no verso que permite que a embalagem seja exposta em pé podendo ser vendida em prateleiras, inclusive nos tradicionais depósitos de material de construção.

Resultados Obtidos

O sucesso alcançado por esta embalagem no cumprimento de seus objetivos e no aumento de vendas do produto fez com que a Pial Legrand passasse a embalar todas as demais campainhas de sua linha neste sistema.

Hoje, estas embalagens são as mais modernas de sua categoria, ajudando a empresa a afirmar sua liderança no ponto-de-venda.

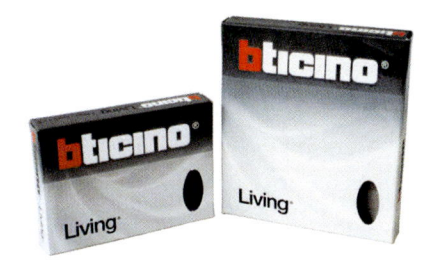

Mais um passo à frente na evolução das embalagens da Pial Legrand. A linha Living tem produtos de alto valor agregado. O conceito visual transmite sobriedade e sofisticação.

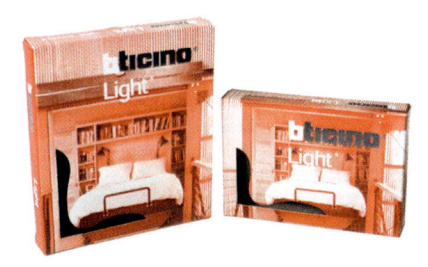

A linha Light é composta de produtos com design contemporâneo dirigido a um público mais voltado à cultura moderna. O design desta embalagem indica claramente a associação do produto ao mundo da decoração.

A campanha que introduziu um novo conceito de embalagem ao adotar a linguagem visual dos produtos eletroeletrônicos.

Na nova Ding Dong, o produto foi deslocado para criar um único painel informativo, agrupando toda a informação que antes se espalhava pela embalagem.

Sucos Del Valle

A Sucos Del Valle é uma empresa mexicana famosa pela qualidade dos sucos que produz. Ao chegar ao Brasil, percebeu que precisava de novas embalagens, com um visual mais adequado ao mercado local e principalmente que permitisse uma entrada forte no ponto-de-venda para anunciar seu ingresso.

O segmento no qual a empresa atua era novo, mas embora viesse crescendo a um ritmo acelerado ainda não era muito conhecido pelos consumidores, principalmente o produto Del Valle, que pertence à subcategoria "néctar", pois é feito com o suco e a polpa da fruta.

Objetivos do Projeto

Desenhar uma linha de embalagens com grande impacto visual que chamasse a atenção para a presença de um novo participante na categoria.

O objetivo secundário era informar que se tratava de um produto diferente, com características próprias.

Estudo de Campo

O estudo de campo revelou que a categoria dos sucos prontos para beber era na verdade uma subcategoria dos sucos em geral e sofria forte influência do que já estava consolidado no mercado.

Foi preciso montar um grid da categoria para compreendê-la no sentido amplo, e só depois segmentá-la até chegar ao espaço final do nosso produto.

A linguagem visual da categoria é muito padronizada, utilizando as frutas como elemento preponderante na comunicação e o fundo como coadjuvante inexpressivo.

Estratégia de Design

Para obter o máximo de impacto visual dentro dos recursos disponíveis para impressão em lata de alumínio e embalagem cartonada (flexografia), a estratégia adotada foi utilizar ilustrações hiper-realistas, exagerando os detalhes para conseguir melhor reprodução final.

O fundo vermelho intenso contrastando com a ilustração foi adotado para romper com tudo o que havia até então e firmar uma posição única e exclusiva para mostrar que havia chegado algo diferente no mercado.

Finalmente, o logotipo cortado para ser composto pela função de duas embalagens permitia a apresentação do nome em tamanho grande na gôndola gerando um conjunto de enorme impacto visual.

A principal preocupação com a versão light foi falar a linguagem visual dos produtos sem perder a percepção de sabor, que é o principal atributo dos sucos Del Valle.

Impressão com tinta branca sobre cartão metalizado para criar uma área de luz que se contrapõe ao logotipo.
Um efeito moderno para um produto voltado a um público também moderno.
A composição dos painéis para criar um forte efeito display foi outro detalhe pensado para a embalagem.

Resultados Obtidos

Em primeiro lugar, as novas embalagens cumpriram seu objetivo principal de chamar a atenção para o produto e seu diferencial, provocando a experimentação e conseqüente adoção por parte dos consumidores.

Em segundo lugar, serviram como uma base forte para a ação da marca no mercado, que via o produto através de embalagens fortes e chamativas.

E, finalmente, a marca conquistou a liderança com folga no segmento néctar, e vem ampliando sua participação e a distância que a separa do segundo colocado, que por sinal é uma empresa multinacional e muito forte.

Neste projeto como em outros apresentados, a conquista da liderança foi alcançada sem apoio de comunicação, tendo na embalagem a principal ferramenta de marketing utilizada nessa conquista.

O mesmo padrão visual foi mantido na lata e na embalagem cartonada.

A maior dificuldade de produção nas duas versões foi fazer com que imagens e cores fossem iguais, mesmo sendo impressas sobre alumínio ou cartão em empresas diferentes com tecnologia e equipamentos diferentes.
As embalagens do suco Del Valle Light receberam o prêmio brasileiro de embalagem 2001 promovido pela Embanews.

Tal & Qual é a linha de produtos culinários light. Nesta embalagem cada um dos elementos que compõem a embalagem foi cuidadosamente elaborado, desde o fundo, uma foto entonada, até o logo e os *splashes* com ilustrações.

Minical é um adoçante inovador com uma fórmula composta que lhe dá um ótimo sabor. Na embalagem a forma do corpo feminino e o tom de pele contrastando com o roxo-avermelhado são a marca visual do produto.

Minical Lipo-X é vendido em farmácias e adota o visual característico desta categoria de produto. Uma cena de praia com gente bonita e muita informação reforça o apelo de venda do produto.

Produtos Vepê

A Vepê é uma empresa dedicada à produção de alimentos especiais que alcançou a liderança nos segmentos de adoçantes, graças a sua ampla linha de produtos. Os adoçantes dividem-se em subcategorias conforme a substância-base que compõe os produtos. Assim, temos a subcategoria dos aspartames, ciclamatos, sacarina e outros. A Vepê participa com seus produtos em cada uma dessas categorias.

São delas os produtos Assugrin, Doce Menor Gold, Tal & Qual, Minical, Frutose, entre outros.

A estratégia da empresa é buscar uma grande participação e competir para valer em cada subcategoria utilizando suas embalagens como principal ferramenta de marketing.

Objetivo do Projeto

O projeto aqui abordado é o redesenho da linha Doce Menor, o adoçante líder em sua subcategoria. Este caso é apresentado por sua característica especial de produto líder: "Produtos líderes não mudam, evoluem".

Mudar a embalagem de um líder é uma tarefa delicada e de grande responsabilidade que exige respeito e muito cuidado por parte do designer.

O objetivo neste projeto era evoluir a imagem da linha Doce Menor sem perder suas características visuais anteriores.

Estudo de Campo

O estudo de campo revelou que a categoria havia mudado em volta do produto enfatizando seu visual *old-fashioned* (fora da moda).

Uma coisa chamava atenção como principal mudança ocorrida: o uso de cores fortes e vibrantes como marca de personalidade dos produtos. A cor é o principal elemento de comunicação das embalagens e a principal referência de personalidade de um produto.

Ficou claro que o produto estava muito apagado no meio de uma concorrência colorida e moderna.

Estratégia de Design

Quando se vai evoluir visualmente um produto, o primeiro passo é compreender a "gestalt" do design, pois, segundo as leis do gestaltismo, a percepção se dá pelo todo e não apenas pela apreensão cumulativa das partes. É preciso separar aquilo que é o responsável pela percepção do produto, pois isso é o pilar de sustentação da imagem e não pode ser alterado sem abalar a estrutura como um todo.

O logotipo, sua inclinação, as linhas de apoio, o código de cores e a posição dos elementos foram mantidos, mas modificados.

A busca de uma tonalidade similar à anterior, mas única e mais intensa, foi o segundo ponto trabalhado. E, finalmente, a valorização dos elementos ilustrativos foi o terceiro ponto. A harmonização do conjunto para que lembrasse a embalagem anterior completou a estratégica de evolução da linha.

Resultados Obtidos

As novas embalagens alcançaram seu objetivo. Deram nova vida e mais força ao produto sem que o consumidor tradicional estranhasse ou abandonasse a marca.

O desempenho do produto melhorou, sobretudo nos complementares, como pudins e gelatinas, que se tornaram mais presentes aos consumidores.

Os resultados foram amplamente positivos fazendo com que a mudança fosse vista como verdadeira evolução.

A imagem tradicional do produto com o código visual que precisava ser preservado.

A nova linha Doce Menor evolui a imagem tradicional do produto, mantendo a continuidade visual construída anteriormente.

Nos pudins, o apelo ao *appetite appeal* contrasta com a proposta light porque o consumidor não quer abrir mão do sabor, apenas das calorias.

Os sachês também receberam um tratamento especial para serem bonitos e reforçarem a imagem da marca Doce Menor.

Café Tróppicus

O Brasil desenvolveu no século XIX o cultivo intensivo do café em grandes fazendas organizadas para produzir em larga escala e montou um modelo exportador que dominou o comércio mundial.

Até hoje o País é o maior produtor de café do planeta e nosso produto gozou de grande prestígio internacional até os anos 70. Recentemente, o segmento *premium* e *gourmet* foram ocupados por outros países que desenvolveram produtos e um marketing mais agressivo e adequado a este nível de consumidores, deixando o Brasil para trás neste mercado. Nossas exportações ainda são feitas em produto cru, em sacos de 60 kg, e poucas marcas nacionais operam no mercado exportador com embalagens ao consumidor.

Objetivo do Projeto

Desenvolver um produto de qualidade Top (solúvel liofilizado) para concorrer no mesmo nível das marcas mais sofisticadas do mundo.

O produto destina-se inicialmente ao mercado australiano, onde já se operam algumas dessas marcas.

O ideal para um produto *premium* de exportação é ser capaz de enfrentar qualquer um dos concorrentes em qualquer dos mercados globalizados e este era, além de um objetivo, um desafio para o projeto.

Estudo de Campo

Produtos globais precisam ser pensados globalmente. Neste caso, o estudo de campo precisava ser feito no mundo, esbarrando é claro em limitações físicas (viagens), econômicas e de tempo.

Felizmente, existe hoje a Internet, que nos permite pesquisar as principais marcas e mercados internacionais. Neste projeto, foram utilizados também o acervo do cliente e a biblioteca sobre embalagens na agência.

Um amplo painel com mais de cem embalagens foi montado e estudado exaustivamente para se compreenderem os detalhes da linguagem internacional da categoria.

Estratégia de Design

A estratégia adotada abordou separadamente os dois aspectos principais da linguagem: a linguagem gráfica e a forma estrutural da embalagem.

Na linguagem gráfica, a estratégia foi fazer valer aquilo que é um patrimônio histórico do café brasileiro e adotar uma abordagem que lançasse mão do acervo iconográfico associado ao café (nenhum país tem artistas importantes que se dedicaram a este tema). E também o caráter exportador desta atividade desenvolvida pelo Brasil (mapas antigos).

A forma estrutural partiu de uma limitação de tempo que obrigava a adoção de um frasco de vidro já existente. Para compensar, a solução foi

Amostra de embalagens tradicionais de café solúvel no Brasil.
Um padrão que vem mudando rapidamente.

adotar um rótulo *sleeve* que veste toda a embalagem e transmite uma imagem "absoluta" ao conjunto.

Por ser uma tecnologia avançada e atual, essa solução nos colocaria em vantagem sobre alguns dos concorrentes mais tradicionais que ainda utilizam rotulagens convencionais.

A estratégia pode ser resumida da seguinte forma: se queremos competir no mercado global temos de nos apresentar no mesmo padrão da categoria e, se possível, procurar agregar os valores locais que fazem sentido para este mercado.

Resultados Obtidos

A embalagem final quando colocada na gôndola ao lado dos principais concorrentes internacionais iguala-se ou supera a maioria.

Em conseqüência disso, o cliente se entusiasmou pelo produto por sentir que tem algo extremamente competitivo para atuar no mercado. Os importadores do produto na Austrália sentiram a mesma coisa e entraram com disposição na competição.

Como dissemos, a boa embalagem desencadeia uma série de impulsos positivos que vão abrindo os caminhos para o sucesso do produto, mas não é a única responsável por este sucesso, que, na verdade, se deve ao trabalho de todos os envolvidos com o produto.

Mas, como você pode ver, uma imagem vale mais do que mil palavras.

Repetição da embalagem mostrando o efeito do produto em gôndola.

Esta embalagem recebeu o prêmio brasileiro de embalagem 2001 promovido pela Embanews.

Nos cereais matinais a aplicação de relevo localizado faz saltar gotas e flocos realçando os detalhes da embalagem.

Esta embalagem para frutas e legumes é empilhável, adequada à refrigeração, sendo indicada tanto para o mercado interno como para exportação. O design explora os recursos gráficos da impressão e do papelão *Kraft*.

Rigesa Westvaco

A Rigesa Westvaco é uma indústria de embalagens de papelão e papelcartão com grande expressão no mercado brasileiro.

Conhecida principalmente por sua linha de caixas de embarque e embalagens de transporte, a empresa trouxe para o País um novo equipamento de impressão flexográfica de alta qualidade sobre cartão.

Como se tratava de algo novo com o qual o mercado ainda não estava familiarizado, a Rigesa Westvaco montou uma estratégia para apresentar sua tecnologia e chamar a atenção para os diferenciais competitivos deste processo de impressão.

O caso apresentado mostra principalmente por que o design é importante para a indústria de embalagem e como esta empresa soube utilizá-lo a seu favor criando algo diferente e significativo.

Objetivo do Projeto

A impressão flexográfica sobre papel foi vista até bem pouco tempo atrás como uma técnica menos desenvolvida cujos resultados na reprodução de imagens de melhor qualidade deixavam a desejar. Mudar essa imagem no mercado não é uma tarefa fácil e não adianta só falar sobre isso, é preciso mostrar.

O objetivo do projeto era criar uma coleção com uma série de exemplos da aplicação prática da nova tecnologia introduzida pela empresa nas embalagens de vários tipos de produto.

Esta série foi chamada de Rigesa Westvaco Package Collection, e o design precisava explorar os recursos da nova flexografia, adequando-os aos requisitos de cada categoria de produto.

A coleção seria utilizada como mostruário desses recursos em feiras e eventos e também para a distribuição a potenciais clientes. A utilização institucional da coleção também foi considerada, pois o envio dessa peça a universidades, escolas de design e de artes gráficas seria feito logo após seu lançamento.

Estudo de Campo

Em primeiro lugar, foram selecionadas categorias de produto em que o novo sistema apresentava mais vantagens. Em cada uma delas o estudo da linguagem visual da categoria indicou o caminho a seguir para demonstrar que utilizando o novo sistema de impressão poderiam ser criadas embalagens competitivas.

O estudo de campo mostrou que era possível não só criar embalagens, mas, em algumas delas, oferecer algo mais, como, por exemplo, o zíper de segurança na embalagem de medicamentos.

Estratégia de Design

A estratégia de design foi sair do lugar comum e aproveitar a liberdade de se estarem criando produtos inexistentes para desenhar embalagens que embora dentro da linguagem visual das categorias escolhidas não fossem iguais às que o consumidor encontra no mercado.

Em resumo, a embalagem precisaria ser reconhecida e compreendida como um sabão para lavar roupas, mas não necessariamente seria igual a um deles. Poderia sugerir algo diferente que essas embalagens não estão fazendo.

Resultados Obtidos

As embalagens da Rigesa Westvaco Package Collection mostraram que é possível produzir embalagens competitivas utilizando a nova tecnologia de impressão neste sistema.

A empresa mostrou ao mercado que sabe utilizar o design para demonstrar sua qualidade técnica e usou esta coleção de maneira eficiente, distribuindo-a aos formadores de opinião no negócio da embalagem.

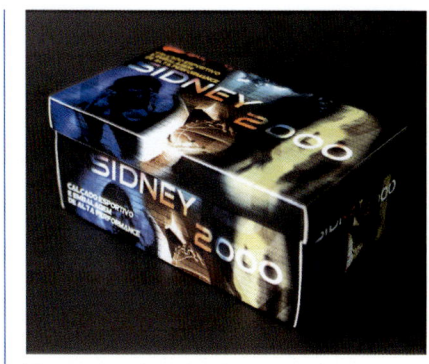

Esta caixa de calçados esportivos mostra todo o potencial do novo sistema para a indústria calçadista, que precisa de qualidade e preços competitivos.

O zíper de segurança é uma ótima solução para embalagens de produtos farmacêuticos.

A aplicação do verniz UV foi localizada no prato para evidenciar a qualidade da impressão em imagens mais sofisticadas.

Embalagens Tetra Pak

A Tetra Pak é uma empresa preocupada com a apresentação visual de suas embalagens. Embora não produza os produtos que chegam ao mercado mas apenas as embalagens que os contêm, a empresa sabe que sua imagem no mercado e com os consumidores tem impacto direto no sucesso de seus produtos.

Por causa disso, não é de hoje que a empresa investe em design com o objetivo de apresentar seus lançamentos ao mercado, em uma roupagem que indique o potencial de comunicação e venda da nova embalagem, como também desenvolver um amplo programa de melhoria contínua de sua qualidade gráfica denominado Quality Printing.

A Tetra Pak apóia seus clientes para que eles façam uso cada vez mais dos recursos técnicos de que ela dispõe, pois acredita que quanto melhores forem as embalagens de seus clientes maiores as chances de obterem sucesso no mercado vendendo mais produtos e embalagens.

O caso apresentado aqui demonstra a consistência das ações da empresa nesse sentido.

Objetivo do Projeto

Os projetos aqui descritos foram realizados com três objetivos básicos: 1 – apresentar as novas tecnologias ao mercado em embalagens sugestivas, em que os clientes pudessem perceber claramente o potencial comercial do novo lançamento; 2 – desenvolver um programa de estímulo à melhoria visual das embalagens do sistema Tetra Pak de modo geral com exemplos de bom design e também com o Kit Quality Printing; e 3 – apoiar os clientes da empresa em necessidades específicas e/ou estratégicas.

As imagens apresentadas mostram as embalagens exibidas em feiras e o Kit Quality Printing.

Estudo de Campo

O ponto central da estratégia foi conhecer todo o processo de produção das embalagens Tetra Pak. Quando se trabalha para a indústria de embalagem, este é um requisito fundamental.

O estudo de campo no mercado em várias regiões do País e a participação nos seminários técnicos da empresa também contribuíram para a montagem do arcabouço geral do projeto.

A pesquisa internacional de embalagens foi fornecida pela própria empresa que dispõe de uma publicação anual chamada Product Diversification, na qual aparecem as melhores embalagens desenvolvidas no mundo inteiro naquele ano.

O leite é o principal mercado das embalagens longa vida. O objetivo do design neste caso era associar o produto à alegria do dia, ao campo e aos valores positivos associados ao leite.

Fazendo dupla com o leite, as embalagens de suco apresentam uma abordagem de grande impacto visual, utilizando cores não-convencionais.

O suco-surpresa foi criado especialmente para participar de uma feira do setor. Por ser uma embalagem voltada ao público infantil, a idéia foi brincar com a curiosidade das crianças.

Estratégia de Design

A estratégia adotada foi explorar ao máximo os recursos gráficos e tecnológicos da empresa, procurando fazer aquilo que o mercado não estava fazendo ou utilizando para servir de exemplo e estímulo.

Como os produtos que criamos eram fictícios, tivemos total liberdade, pois partimos do zero, inventando o produto, seu conceito, dando a ele um nome e o visual que julgássemos mais adequado.

Do ponto de vista do designer, este projeto representa uma oportunidade única de criar algo que não está restrito a limitações de espécie alguma. Trabalhando com responsabilidade e respeitando as características técnicas e do processo de produção, buscamos criar embalagens que fossem realmente uma expressão dos produtos que teoricamente continham.

Resultados Obtidos

Todo o projeto foi bem-sucedido superando com folga seus objetivos. As embalagens cumpriram sua função, os clientes potenciais da empresa se surpreenderam positivamente com cada lançamento e o Kit Quality Printing com seu manual de produção gráfica é um exemplo concreto da preocupação da empresa com a qualidade visual de seus produtos.

As embalagens da Tetra Pak brasileira tiveram excelente repercussão na Tetra Pak internacional, sendo reconhecidas como um trabalho de alto nível.

Cytrium e Fibragurte foram criados para lançar a nova embalagem prisma de 250 ml. O design moderno é voltado para o público jovem e explora os recursos gráficos e estruturais desta embalagem.

A caixa de embarque, única para os dois produtos, mostra como o design pode sair da embalagem primária e se apresentar bem na embalagem secundária.

Tropical Mix e Le Lait foram criados para apresentar a nova tampa de rosca que a Tetra Pak lançou na Fispal 99. Abaixo, a caixa de embarque destes produtos.

O Kit Quality Printing incluía, além do estojo com embalagens produzidas com os vários recursos e técnicas da Tetra Pak, um manual de produção gráfica para orientar a confecção das artes-finais e arquivos digitais entregues à empresa.

Cerveja Schincariol

Tradicional fabricante de refrigerantes, a Schincariol foi a primeira cervejaria a romper o monopólio das grandes marcas e entrar neste milionário mercado de pesos pesados que há muitos anos estava cristalizado no país.

A marca rapidamente conquistou a simpatia das camadas mais simples da população e iniciou um rápido crescimento.

Com a briga das líderes Brahma e Antarctica, o mercado foi sucedido por grandes transformações e a competição acirrada levou a categoria a mudar suas embalagens, adotando padrões mais elaborados.

Primeiro, tiraram o texto legal do painel frontal, que ficou mais limpo graças à inclusão de um contra-rótulo, depois foi incluída a gargantilha, o rótulo deixou de ser retangular e passou a ganhar recortes diferenciados, a tinta dourada foi substituída pelo dourado laminado e assim por diante.

Nesse processo, a embalagem da cerveja Schincariol ficou para trás e este caso mostra o projeto de evolução visual para colocar a marca no novo padrão da categoria.

Objetivo do Projeto

O objetivo principal do projeto era atualizar as embalagens das cervejas Schincariol, colocando-as visualmente no mesmo padrão das demais concorrentes.

O segundo objetivo era fazer isso sem descaracterizar a imagem anterior. O museu do Ipiranga, por exemplo, deveria ser mantido.

Estudo de Campo

O estudo de campo foi apoiado pelas informações da pesquisa com os consumidores que a empresa havia encomendado, em que encontramos indicações precisas do que estava acontecendo e como o consumidor estava vendo e sentindo o produto através da embalagem.

Nesse projeto contou muito a experiência obtida anteriormente quando desenhamos a cerveja Antarctica.

Estratégia de Design

A cerveja é uma bebida tradicional com 2000 anos de história e há uma vasta iconografia gerada em torno dela, que pode ser pesquisada nas livrarias e bibliotecas.

Existe uma linguagem visual da cerveja com símbolos e ícones característicos que fazem seus rótulos se parecerem com "cerveja", assim como é possível reconhecer um rótulo de uísque mesmo que ele não esteja colado em uma garrafa de uísque.

A novidade nesta foto no início dos anos 90 é que a Brahma havia acabado de lançar a embalagem que, no bojo da campanha da número 1, iria sacudir a categoria obrigando todos os concorrentes a mudar e iniciar uma corrida na busca de embalagens cada vez melhores e mais sofisticadas.

A estratégia adotada foi estudar esta linguagem (compramos vários livros sobre iconografia da cerveja) e utilizar o padrão visual característico da categoria com seus símbolos e ícones.

Assim, o rótulo ganhou um módulo oval com ramos de cevada dourados e o ícone do museu foi deslocado para a gargantilha como símbolo de vinculação aos valores da terra.

Pouca coisa mudou, mas mudou na direção certa.

Resultados Obtidos

As novas embalagens entusiasmaram a empresa, sua força de vendas e os distribuidores, que perceberam que tinham em mãos um produto competitivo que podia entrar no mercado pela porta da frente.

Todos passaram a acreditar mais no produto, e a Schincariol é até hoje a marca que mais cresce no país. É claro que isso não se deve exclusivamente ao design, mas, sem dúvida, este novo rótulo é uma marca da arrancada da empresa para sua atual posição de destaque.

O grande mérito deste projeto foi conseguir evoluir a embalagem respeitando e preservando todos os elementos do rótulo anterior.

Por se tratar de uma cerveja *premium*, a Munich acabou ganhando um aspecto mais sofisticado.

Intimus Gel Fit

A linha Intimus Gel inovou no mercado brasileiro, introduzindo a nova tecnologia de absorção por gel.

Desde seu lançamento, este produto assumiu uma postura de vanguarda em uma categoria dominada por marcas tradicionais e consagradas. O embalamento individual dos absorventes, a embalagem com linhas que permitiam amarrar a boca do saquinho depois de aberto e a apresentação de vários formatos combinados com dois tipos de cobertura fizeram de Intimus uma marca desejada, considerada moderna pelas consumidoras, que a levaram à liderança do mercado.

Atuando em uma categoria extremamente competitiva, com concorrentes fortes e agressivos, a marca tem de estar sempre inovando para confirmar a imagem que a consumidora faz dela, por isso apresenta sempre novos lançamentos.

Objetivo do Projeto

Introduzir um novo absorvente da linha Intimus Gel com ajuste ultrafino ao corpo. O produto é uma evolução dos absorventes já existentes incorporando os avanços da tecnologia de fabricação deste tipo de artigo.

O projeto seria enviado para a pesquisa com as consumidoras e nosso objetivo era criar alternativas visuais para serem avaliadas. Essas alternativas testariam a receptividade em relação ao produto atual e os níveis de mudança aceitos pelas consumidoras.

Estudo de Campo

Quando se sabe de antemão que o produto vai a pesquisa e precisa de várias alternativas para serem testadas, o estudo de campo tem de analisar principalmente as brechas existentes na categoria para tentar encontrar alternativas que preencham esta lacuna com alguma vantagem competitiva.

O primeiro passo em qualquer pesquisa de embalagem é a evolução do design atual, e para isso é preciso compreender a fundo sua linguagem visual para poder evoluí-la.

Em segundo, estudar a concorrência para propor alternativas que explorem oportunidades que ela não esteja aproveitando.

Neste caso, compreender a linguagem da categoria como um todo é fundamental para criar alternativas válidas que apresentem realmente algo de novo para ser pesquisado.

Intimus Gel da Kimberly Clark Kenko é o absorvente líder no mercado brasileiro. Sua embalagem é característica e diferente das utilizadas pelos concorrentes.

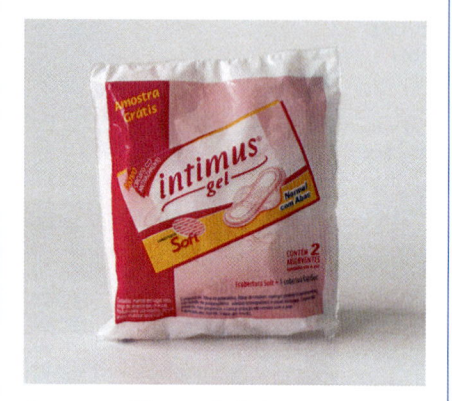

A marca utiliza embalagens em suas ações de marketing de diversas formas. Esta amostra grátis apresenta o novo circuito antivazamento.

A Kimberly Clark Kenko lidera também o segmento de fraldas descartáveis com a linha Turma da Mônica. Observem o fundo da embalagem com *patern* de bolinhas e o *splash* lateral destacando as barreiras suavelastic antivazamento.

Estratégia de Design

A equipe responsável pela pesquisa sempre orienta a agência de design como deseja receber o material para ser pesquisado e quantas alternativas serão necessárias para um melhor aproveitamento da pesquisa.

A estratégia vencedora foi concebida para criar algo diferente, que nenhuma das embalagens do mercado estivesse explorando. Algo que reforçasse o caráter extremamente íntimo e feminino do produto.

O toque de feminilidade foi encontrado no tratamento do fundo da embalagem. Nenhuma das embalagens trabalhava o fundo.

A textura xadrez, associada ao tecido, à moda, enfim, é algo importante e familiar ao mundo feminino.

Resultados Obtidos

A embalagem de Intimus Gel Fit venceu a pesquisa com ampla margem, não deixando dúvidas sobre o resultado que obteve, superando as outras alternativas pesquisadas e as embalagens da concorrência, fornecendo ao cliente a certeza de estar lançando o novo produto em uma embalagem forte, aceita e escolhida pelas consumidoras pesquisadas.

EMBALAGENS UTILIZADAS NA PESQUISA

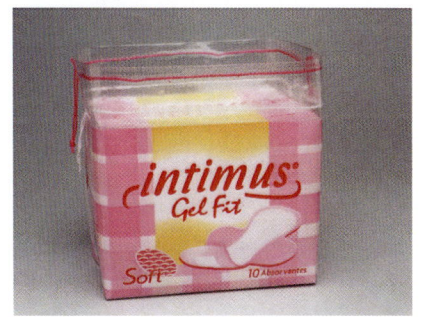

A primeira testa o reconhecimento da consumidora mesmo sem o nome, ela identifica o produto. A segunda mostra um primeiro passo ainda próximo da embalagem atual. A terceira e a quarta mostram as alternativas vencedoras na pesquisa.
Ao todo, 11 imagens foram utilizadas mostrando embalagens atuais e da concorrência e as alternativas pesquisadas. Ao lado, a embalagem definitiva que foi ao mercado.

Produtos Mococa

A Mococa é uma empresa que soube utilizar suas embalagens para conseguir se manter na vanguarda do seu segmento por meio da inovação e renovação permanente.

Há mais de uma década sem investir em propaganda, a empresa vem sustentando sua posição em um mercado cada vez mais competitivo, utilizando suas embalagens como ferramenta de marketing.

O sucesso de alguns produtos Mococa demonstra com muita clareza que a embalagem, quando bem utilizada pela empresa, pode ser uma arma poderosa.

Objetivo do Projeto

O projeto de embalagens Mococa pode ser classificado como gestão estratégica da embalagem, pois se trata de uma ação permanente que vem sendo empreendida há mais de dez anos em uma seqüência ininterrupta de reformulações e novos lançamentos.

A linha de produtos cresceu, a empresa mudou seu posicionamento de Laticínios Mococa para Mococa Alimentos, incorporando cereais aos produtos lácteos, deixou de ser uma empresa familiar para se tornar multinacional e tudo isso apareceu nas embalagens, que foram acompanhando a evolução da empresa.

Estudo de Campo

Como tem uma agência de design trabalhando em caráter permanente, a Mococa dispõe de estudos de campo periódicos e de monitoramento das ações da concorrência no que diz respeito à embalagem.

Estratégia de Design

A estratégia da Mococa com relação à embalagem é extremamente simples: a empresa apostou no design como uma ferramenta de marketing prioritária e apostou nisto todas as suas fichas.

Ao contrário da maioria das empresas em que o design de embalagem é usado eventualmente como *jobs* (trabalhos) específicos e esporádicos, a Mococa tem uma agência de design permanente cuidando de seus produtos, atendendo o dia-a-dia da empresa e trazendo sugestões e idéias.

Essa atitude aberta permitiu à Mococa se colocar à frente de seus concorrentes em uma série de inovações que acabaram sendo seguidas pelo mercado.

A estratégia da Mococa é estar mudando e inovando em suas embalagens, acompanhando a evolução do mercado e as novas tecnologias desenvolvidas pela indústria de embalagem.

Ao incorporar a imagem do pudim na sua embalagem em 1989, a Mococa inovou, sendo a primeira empresa a imprimir em quadricromia sobre lata e nas embalagens longa vida naquele período...

...a apresentação da imagem do pudim virou linguagem da categoria, sendo adotada por todos os concorrentes.

A Mococa também foi a primeira empresa a lançar o creme de leite em embalagem longa vida.

Resultados Obtidos

A Mococa tem tido a iniciativa em várias inovações no design de embalagem nas categorias em que atua e deixado ocupadas constantemente em um nível muito alto suas duas fábricas.

Apesar de estar fora da mídia, a empresa tem mantido viva e forte a imagem de sua marca no mercado, graças à presença de seus produtos e embalagens nos pontos-de-venda.

Agora, com sua linha recém-renovada, a empresa está pronta para uma nova arrancada no mercado com uma série de novidades que estão sendo preparadas.

Esta embalagem lançada em 1992 inovou completamente a linguagem visual da aveia, que nessa época não apresentava imagens de utilização do produto nem *splashes* informativos em suas embalagens.

A volta da vaquinha Mococa deu nova vida aos produtos e, com sua simpatia, ajuda a manter a imagem positiva e amigável da marca.
A última foto mostra o novo visual que acaba de chegar ao mercado.

Layout de apresentação das embalagens de bolo.

Os muffins receberam personagens infantis especialmente criados para reforçar a empatia do produto com as crianças.

Seven Boys

A Seven Boys é uma marca tradicional no segmento de panificação com ampla gama de produtos.

A marca passou por grandes reformulações e, recentemente, seu processo empresarial levou-a a reformular completamente sua imagem visual para dar um novo salto qualitativo no mercado, principalmente em São Paulo, onde os produtos Seven Boys não eram comercializados há vários anos.

Essa ampla reformulação envolvia a marca como um todo e todos os produtos foram redesenhados dentro dessa nova visão corporativa.

Objetivos do Projeto

Redesenhar a linha de produtos Seven Boys dando a ela uma nova roupagem unificada que fizesse com que sua presença visual crescesse aos altos consumidores e transmitisse aos vários públicos, com quem a empresa se relaciona, o novo patamar empresarial alcançado por ela.

Como objetivo complementar, precisávamos aumentar o apelo de vendas de cada produto e solucionar visualmente várias linhas que estavam com problemas de comunicação.

Estudo de Campo

O estudo de campo precisou ser refeito várias vezes em virtude da complexidade e profusão de produtos que a compõem e da dificuldade de se estabelecer uma lógica de design para a categoria.

Nosso primeiro trabalho foi desenhar um gráfico com o grid completo da categoria, agrupando os produtos por linhas segundo o tipo de utilização que o consumidor fazia deles. Esse grid revelou que a maioria dos concorrentes atuava apenas em alguns nichos da linha e que apenas dois concorrentes apresentavam a linha completa.

Estratégia de Design

A estratégia adotada partiu dessa premissa. Um sinal forte e uniforme, além de amplificar a presença da marca, reforçaria nos consumidores a compreensão de que a marca é completa, abrangendo todas as subcategorias. Em segundo lugar, foi possível organizar uma abordagem de competição em cada subcategoria, atacando diretamente o produto mais bem posicionado em cada uma delas.

Um ponto fraco da categoria como um todo detectado no estudo de campo era a baixa utilização de imagens fotográficas neste tipo de produto, sobretudo pela baixa qualidade da impressão utilizada pela maioria deles.

Assim, foi estabelecido que em todas as embalagens apareceria uma foto do produto e buscaríamos a melhor qualidade de impressão disponível no mercado.

O trabalho da produção gráfica neste projeto foi tão importante quanto o design, pois cada foto foi produzida e trabalhada ao máximo e cada impressão aprovada até na máquina do fabricante.

Resultados Obtidos

A Seven Boys dispõe hoje do melhor conjunto de embalagens na categoria em que compete, seu sinal visual no ponto-de-venda se sobrepõe ao dos concorrentes e ela estabeleceu um novo padrão visual para as embalagens de produtos panificados.

Algumas de suas embalagens simplesmente arrasam nas gôndolas, abrindo caminho para que a empresa se consolide na liderança deste segmento. Embalagens para isso, ela tem.

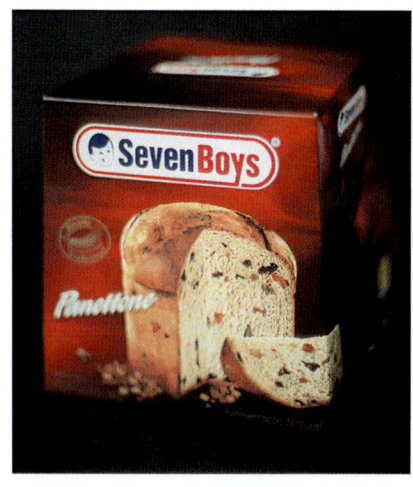

O panetone foi lançado para aproveitar a data festiva como um produto que ajuda a elevar a percepção e aumentar a exposição da marca no ponto-de-venda.

No trabalho de design, os produtos com maior valor agregado receberam um tratamento diferenciado.
Em uma linha extensa de produtos, é importante estabelecer uma hierarquia visual que informe aos consumidores as diferenças entre os mais elaborados (*premium*) e os mais simples (*standard*).

Personagens são extremamente atrativos para as crianças que os incorporam a seu mundo lúdico. Produtos infantis se beneficiam muito da presença do personagens nas embalagens.

Eles podem ser "licenciados", como os personagens Disney, Turma da Mônica e outros, ou podem ser exclusivos, criados especialmente para a marca, como é o caso destes bichinhos da Seven Boys.

Os personagens permitem desenvolver ações promocionais, incluir atividades e jogos, e fortalecer a ligação do produto com seus pequenos consumidores.

Ripax

São quatro competidores principais no mercado de papel *cut size*. A Ripasa, com sua marca Ripax, ocupava a última colocação, bem atrás dos outros participantes. Esta categoria de produtos tem preços muito similares, pois o mercado considera o papel sulfite uma *commodity* sem diferencial percebido de uma marca para a outra. Além do mercado nacional, este produto é exportado para o mundo todo, pois o Brasil é muito competitivo em qualidade e custos de produção deste tipo de papel.

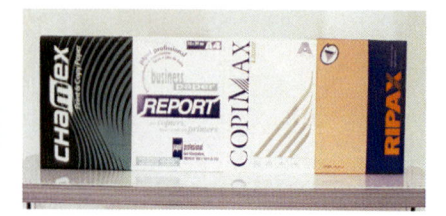

Objetivo do Projeto

O objetivo do projeto era atualizar o design da embalagem do papel Ripax, que estava muito defasado visualmente em relação a seus concorrentes, cujas embalagens eram mais atuais.

A empresa também pretendia criar uma nova base visual para as ações de marketing que pretendia executar, incluindo a entrada nos supermercados.

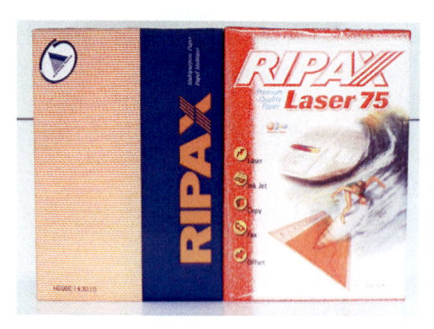

Estudo de Campo

O estudo de campo foi realizado principalmente em papelarias e algumas lojas de informática. Na visita às lojas, nas conversas com os vendedores e na análise da concorrência, ficou evidente que a categoria como um todo apresentava embalagens pouco eficientes na informação que transmitia aos consumidores, e, principalmente, embalagens defasadas em relação ao que acontecia em volta delas nas lojas.

Estratégia de Design

Um produto concorre dentro de uma categoria, a categoria tem história e uma linguagem visual construída ao longo do tempo. Neste caso, descobrimos que a categoria substituiu o antigo papel almaço como material de papelaria. Com a automação dos escritórios, evoluiu para "material de escritório" e, depois, com a informatização das empresas e a criação da Internet, virou "suprimento de informática".

Esse foi o ponto central da estratégia: ou seja, posicionar o Ripax como suprimento de informática, adotando para sua embalagem a linguagem visual dos produtos de informática e da Internet.

Ao mudar seu posicionamento para suprimento de informática, adotando a linguagem visual desta categoria, o papel Ripax se colocaria na vanguarda de seu segmento.

Resultados Obtidos

Em primeiro lugar, a nova embalagem entusiasmou a Ripasa, que sentiu que tinha um produto forte para trabalhar no mercado. No bojo de uma série de ações de marketing que tiveram como base o novo design, a empresa aumentou em quase 10 pontos sua participação no mercado,

---

A categoria mostrando, da esquerda para a direita, a posição dos produtos no mercado.
A linguagem visual ainda é de material de escritório com poucas informações ao consumidor.

A nova embalagem é impressa em quadricromia enquanto a anterior, em duas cores.
A mudança teve de ser feita sem aumentar o custo final da embalagem, e isso só foi possível com a participação da indústria que fabricou a embalagem, trabalhando integrada ao projeto desde o início do design.

Uma caixa display ajuda a expor a embalagem de 100 folhas.

saindo do quarto lugar e entrando na disputa pela liderança do mercado de papel *cut size*.

A aceitação da nova embalagem no mercado internacional foi excelente, pois o mesmo posicionamento de vanguarda alcançado aqui se repetiu lá fora, onde as embalagens desta categoria ainda se posicionavam como material de escritório.

O sucesso alcançado nesses mercados abriu a porta para novos desdobramentos da marca, que evoluiu para uma linha de produtos forte e competitiva voltada para as necessidades dos consumidores.

Com todas essas conquistas, o papel Ripax recebeu o Top de Embalagem 2000 da ADVB pelos resultados alcançados.

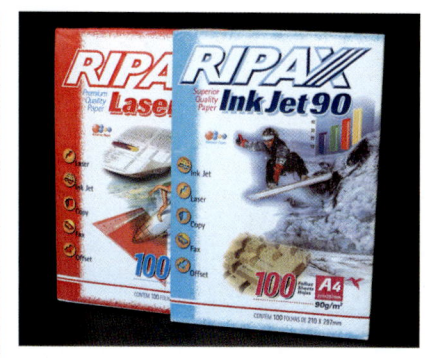

Para os computadores que são ligados a uma impressora foi criada esta embalagem de 100 folhas com fitilho de abertura, voltada para supermercados e lojas de auto-serviço.

Para o público infantil foi criado um personagem exclusivo voltado para a ecologia: uma oncinha pintada cheia de energia como as crianças gostam.

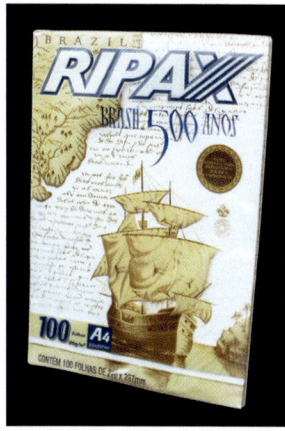

Juntando-se às comemorações dos 500 anos do Brasil, a Ripasa lançou esta embalagem especial mostrando que o Ripax está junto com seus consumidores nos momentos de festa.

PARTE 4

Exercícios

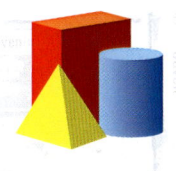

"Não devemos nos iludir com as alegrias nem desanimar com os obstáculos que toda atividade tem, mas avançar todos os dias na direção que esoclhemos."

Introdução aos Exercícios

Na primeira parte do curso conhecemos um pouco do mundo da embalagem, na segunda, a metodologia de projeto, na terceira, os estudos de caso nos quais a metodologia foi aplicada e, agora, nesta parte, apresentaremos alguns exercícios para aqueles que desejarem desenvolver suas habilidades no design de embalagem aplicando os conceitos que foram abordados nas partes anteriores.

Conforme afirmamos na apresentação do curso, os resultados obtidos pelos alunos das várias turmas que o cursaram na ESPM mostraram que, aplicando corretamente a metodologia do curso, é possível desenhar embalagens corretas, com as informações necessárias a comercialização e boa apresentação do produto.

Assim, apresentaremos na seqüência as recomendações para o treinamento do desenho propriamemte dito, conforme ensinamos aos jovens profissionais que tivemos a responsabilidade de treinar, e uma coleção de briefings que foram passados aos alunos do curso pelos profissionais de marketing das empresas que colaboraram conosco neste trabalho didático, a quem aqui aproveito para registrar meus agradecimentos sinceros.

É importante que aquele que for desenvolver os exercícios o façam *para valer*. Leia com atenção o briefing, procure compreendê-lo corretamente, em seguida vá a campo estudar a categoria em que o produto vai competir levando uma cópia do *formulário de estudo de campo*, anote corretamente as informações recomendadas no formulário, volte para sua mesa de trabalho, analise com cuidado o que foi pedido no briefing e o que foi visto no estudo de campo. Seguindo as instruções do livro, monte uma *estratégia de design* passo a passo e depois, só depois, dê início ao trabalho de desenho seguindo os procedimentos que descrevemos na seção "Procedimento do design".

Eu sei que é muito mais gostoso pegar o briefing e sair desenhando um monte de coisas legais conforme nos indica nossa intuição e criatividade, mas existe uma diferença muito grande entre a embalagem que gostaríamos de fazer e a que realmente deve ser feita. É disso que este livro trata. Ele foi feito e é dedicado às pessoas que desejam conhecer os princípios básicos e a metodologia aplicada ao desenho de embalagens.

Sem isso, não precisamos estudar nada e podemos sair por aí desenhando o que nos vem à cabeça.

Portanto vamos nos aplicar e fazer o melhor possível.

Quem é desenhista e deseja montar um portfólio tem nestes briefings uma ótima oportunidade, pois estará mostrando não só o desenho que fez, mas o conhecimento que tem sobre o assunto.

Painéis de embalagens desenhados pelos alunos do curso.

Desenhando Embalagens

Ao longo dos muitos anos de atuação neste ramo de atividade, tive de treinar profissionais para compor nossa equipe de trabalho, pois como já foi dito não existia ensino e formação no design de embalagem, o que só recentemente começou a acontecer.

Além disso, fomos pioneiros no trabalho intensivo com a computação gráfica e tivemos de desenvolver uma metodologia de trabalho específica para esta forma de produção, uma vez que anteriormente o desenho era todo produzido à mão usando-se lápis, tinta, pincel e Letraset.

Agora ficou fácil! Todo o desenho atualmente é produzido no computador. Não estou falando da criação, mas do desenho que será apresentado ao cliente e entregue à indústria de embalagem.

Quem pretende trabalhar com design deve ser capaz de operar os programas gráficos. Os mais utilizados pelas agências de design são o Photoshop, o Ilustrator e o Free Hand. Existem versões desses programas para as duas plataformas Mac e PC, e dominá-los é requisito obrigatório da profissão.

Aprendi nesse processo que só existe um jeito de aprender a desenhar embalagem: *desenhando embalagens!*

Assim, desenvolvemos uma maneira de treinar o pessoal que estava chegando e precisava aprender a desenhar no computador. Quem quiser aprendê-la, proceda da seguinte forma:

- ❑ Compre no supermercado algumas embalagens típicas dos vários materiais (cartão, vidro, plástico rígido e flexível, metais etc.). Escolha as que mais gostar.

- ❑ Inicie pelos cartuchos (caixas de papelcartão), que são ótimas para treinamento. Abra o cartucho na solda transformando-o em uma folha plana. Estude detalhadamente cada parte da embalagem para conhecê-la melhor e depois dê início ao trabalho de copiá-la o mais perfeitamente que você conseguir no seu computador.

- ❑ Comece desenhando a faca ou planta baixa da embalagem com todos os painéis, a área de colagem e as tampas. Desenhe tudo na medida milimétrica.

- ❑ Em seguida digite todos os textos que estiverem escritos na embalagem (todos, cada letrinha). Selecione as fontes utilizadas ou as mais próximas delas que você tiver.

- ❑ Escaneie e recorte cada uma das imagens, vinhetas, logotipos, ilustrações e outros detalhes visuais que existirem na embalagem e organize tudo em um arquivo separado.

- ❑ Agora posicione tudo sobre a planta aberta no tamanho e na posição exata que está na embalagem original.

Nos supermercados, procure selecionar embalagens de complexidade média com desenho claro e compreensível. Evite escolher embalagens com efeitos gráficos sofisticados. Comece simples e se desenvolva rápido.

As embalagens em papelcartão são as melhores para iniciar, pois oferecem painéis bem-definidos para serem trabalhados.

- Tire o print em tamanho natural, cole-o sobre uma folha de papelcartão, recorte, faça os vincos e depois monte.

- Coloque a embalagem desenhada ao lado da original montada e analise o resultado. Faça as correções necessárias e monte um novo *mock-up*.

Pronto, você desenhou uma embalagem!

Agora passe para um rótulo procedendo da mesma forma:

- Ao tirar o print, recorte-o e cole sobre a lata, garrafa ou frasco utilizado como referência.

- Você pode ainda desenhar uma imagem ilustrativa da lata, garrafa ou frasco na tela e depois aplicar o rótulo que desenhou para compor um desenho de gôndola.

- É importante que se desenhe uma seqüência de embalagens para que o treinamento seja efetivo. E nada de desânimo ou preguiça.

Ao desenhar as embalagens apresentadas como briefing a seguir, proceda da mesma maneira. As imagens que serão utilizadas no processo de criação podem ser escaneadas de livros, revistas ou selecionadas na Internet para serem aplicadas no layout final; os logos e as eventuais imagens podem ser buscados no site dos clientes. Nos exercícios, a simulação de gôndola com a repetição de várias embalagens colocadas lado a lado na tela é obrigatória.

Bom trabalho!

Layout da embalagem criada por alunos do curso, repetido para formar o efeito gôndola.
A repetição da embalagem desenhada é obrigatória nos exercícios a seguir.

Briefings para Treinamento

Apresentamos a seguir uma coleção de briefings que foram passados aos alunos do curso na ESPM por profissionais de marketing de várias empresas do mercado.

Os briefings são apresentados de forma resumida, pois seu objetivo é apenas servir de exercício aos leitores que desejarem desenhá-los.

Selecionamos aqueles mais facilmente encontrados nos vários cantos do País para facilitar os estudos de campo, que devem obrigatoriamente ser realizados para que o exercício seja realmente efetivo.

Sugerimos que, antes de iniciar o projeto, os leitores escolham os briefings que vão desenhar e visitem o site da empresa que os forneceu para conhecê-la melhor e a seus produtos.

Os briefings exibem variação de formato pois foram aproveitados os textos fornecidos pelos próprios clientes, uma vez que cada empresa tem uma maneira específica de prepará-lo. No curso, os alunos adequaram as informações ao formulário e fizeram perguntas para complementá-lo. Aqui, seguiremos o que foi transmitido pelos clientes, que julgo ser suficiente para os exercícios propostos.

Serão apresentados 7 briefings, abrangendo produtos diversos em várias categorias. São eles:

- Fast Clean – lenços umedecidos de limpeza (Kimberly Clark Kenko)
- Iced Coffee – bebida láctea com café (Parmalat)
- Mentex – confeitos de goma açucarados (Kid's/Nestlé)
- Del Valle High Mixx – bebida com fibras (Sucos Del Valle)
- Barroca – aguardante de cana (Licores Bols)
- Itubaina – refrigerante sabor tutti-frutti (Schincariol)
- Hambúrguer – sanduíche pronto para descongelar (Glenmark)

▶ Todos os briefings foram adaptados para o formato do livro e principalmente para atender os leitores de diversas regiões do País, que não estavam presentes na aula na passagem do briefing nem vão necessariamente fazer os estudos de campo em São Paulo.

Quem deseja aprofundar seus estudos ou montar um portfólio com trabalhos realizados deve aproveitar os briefings fornecidos para se exercitar.
Eles são uma ótima oportunidade para aplicar na prática os conceitos e a metodologia apresentada neste livro.

Briefing 1

Produto: Fast Clean – Lenços de papel umedecidos com limpador multiuso

Empresa: Kimberly Clark Kenko

Profissional responsável pelo briefing: Gina Manfredini – Gerente de Grupo de Produtos

Introdução

Os limpadores multiuso constituem uma subcategoria forte no segmento de produtos de higiene e limpeza. Para serem aplicados, estes produtos necessitam do concurso de um pano ou esponja de limpeza.

A idéia do novo produto é unir os dois em um novo produto, único e muito mais prático. Como se trata de uma categoria nova de produto, recomendamos a realização do estudo de campo, tanto na seção de limpadores multiuso como na de lenços de papel umedecidos para se compreender melhor o problema, pois a embalagem a ser desenhada deverá ser do tipo das atuais embalagens de lenços, mas o produto final deverá oferecer os mesmos benefícios dos limpadores multiuso, fazendo parte e estando posicionado na gôndola desta categoria.

O estudo de campo neste projeto deve ser feito nas seções de limpadores multiuso e também na de lenços umedecidos para limpar bebês.

"Unique Selling Proposition" é um conceito de marketing utilizado pelas empresas avançadas do segmento de consumo para definir o principal apelo de venda do produto.

Briefing – Desenvolvimento de Embalagem

Nome: FAST CLEAN – Wipes multiuso

USP: (Unique Selling Proposition) – Limpeza Doméstica Prática e Eficiente: Mais rápida e higiênica.

Necessidade latente: Limpar a casa de forma mais rápida e higiênica, sem a necessidade de usar aqueles desagradáveis paninhos. Enfim, uma limpeza que não requer nenhum tipo de acessório adicional.

Como a idéia funciona: Os wipes (lenços umedecidos) são impregnados de um líquido de limpeza multiuso. Cozinhas (azulejo, forno, armários...), banheiros, enfim, em qualquer lugar, onde houver necessidade, os wipes multiuso poderão ser utilizados.

Benefícios:

- Funcionais – Limpeza rápida e eficaz com "cheirinho de limpo".
- Emocionais – Reconhecimento de ser uma "mulher esperta", que sabe que uma novidade como "Fast Clean" pode tornar sua vida mais fácil e melhor.

Público-alvo: Mulheres, de 25 a 40 anos, donas de casa, classes A/B/C, moradoras de grandes centros urbanos.

Ponto-de-venda: Fast Clean estará à venda em hipermercados e supermercados, tendo como concorrente direto Veja multiuso paninhos de limpeza, recém-lançado pela Reckitt.

Preço: Produto Premium, quando comparado com os multiusos tradicionais, deverá ser vendido com preço 10% mais baixo que o concorrente Veja multiuso paninhos de limpeza.

Considerações gerais:

- Embalagem plástica com 60 unidades cada.
- Design ergonômico: fácil de carregar, utilizar durante o uso e armazenar no ponto-de-venda.
- Embalagem deverá passar claramente o conceito do produto, apresentando um visual arrojado.
- O "cheiro de limpo", embora subjetivo, deverá transparecer na comunicação visual do produto.
- Cores: 4 cores, considerando que azul, vermelho e branco são consideradas "properties" da marca Veja (concorrente).
- Fácil reprodutibilidade: considerar não só a criação, mas a facilidade de impressão.
- Pode limpar carro por dentro, eletrodomésticos/computador etc.

Briefing 2

Produto: Iced Coffee

Empresa: Parmalat

Profissional responsável pelo briefing: Roberta Cascione – Gerente de Produto, Rubens Machado – Designer encarregado de embalagens da divisão Lácteos

Introdução

O café com leite e chocolate gelado, pronto para beber, é uma bebida de grande sucesso nos países asiáticos, de onde foi trazido ao Brasil e lançado através da marca Mr. Brown.

O produto, por ter sabor de café, se dirige a um público mais velho do que os consumidores das bebidas lácteas sabor morango.

Trata-se também de uma categoria nova que deverá se posicionar nos supermercados e lojas de conveniência ao lado do Mr. Brown ou, na ausência dele, ao lado dos chás prontos para beber.

O estudo de campo segue o mesmo raciocínio devendo incluir também as outras bebidas lácteas prontas para beber como categoria expandida.

O estudo de campo neste projeto deve analisar a linguagem visual das embalagens de café e as das bebidas lácteas, pois o produto a ser desenhado traz um pouco de cada um destes segmentos.

Briefing – Desenvolvimento de Embalagem

Objetivo: Ampliar o mix de produtos no segmento de café, com um produto inovador e prático. Existe hoje apenas um grande concorrente no mercado: Mr. Brown.

Justificativa: Aumentar o conhecimento da categoria Café Parmalat, buscando como alternativa para isto um produto inovador e jovem. As características deste tipo de produto são pertinentes à marca Parmalat (prático, moderno e jovem).

Público-alvo: Jovens e adultos das classes A e B.

Características gerais: Passar toda a inovação deste produto (especialmente pelo tipo de embalagem sem similar no mercado para a categoria Café Gelado). Transmitir muito sabor com um mix de refrescância mais a força de sabor do café.

Características do produto: Para ser tomado a qualquer hora do dia. Pode substituir bebidas como: chá, sucos e principalmente refrigerantes e achocolatados. Voltado para pessoas mais jovens que buscam bebidas refrescantes/estimulantes em diferentes ocasiões.

Dados técnicos que devem constar na embalagem (seguir legislação): Bebida láctea com café (frente). Validade: 24 meses. Data de fabricação: vide parte superior da embalagem. Ingredientes: Água, açúcar, leite em pó integral, leite em pó desnatado e café solúvel, cacau em pó. Valor nutritivo: proteínas, 3 g; glicídios, 25 g; lipídios, 2,0 g; fibra alimentar, 0 g; energia, 150 kcal - valores médios por embalagem de 330 ml. Peso Líquido: 330 ml.

Box com data de validade: 2,5cm x 1,5cm

Back pannel: Iced Coffee Parmalat é uma deliciosa bebida refrescante com sabor e aroma de café. Deixe o produto na geladeira e agite antes de beber. Fica ótimo também com gelo.

Vendas estimadas: 1º ano: 7.000 litros
2º ano: 14.000 litros

Características da embalagem: Em tetra pak slinde 200 ml, com canudo acoplado no verso. Técnica de impressão: flexografia em 4 cores.

Mr. Brown é o concorrente direto deste novo produto.

Back pannel é o painel traseiro ou o verso da embalagem.
Nunca se deve repetir a frente da embalagem mas aproveitar o verso para transmitir informações que ajudem a compreensão dos atributos do produto, sobretudo em um produto novo como esse que precisa ser explicado.

Briefing 3

Produto: Mentex

Empresa: Kid's (Nestlé)

Profissional responsável pelo projeto: Youcef Abdoul – Especialista de produto

Introdução

Lançado nos anos 40, o Mentex vem sustentando uma posição isolada no segmento de pastilhas refrescantes.

Com o aparecimento de novos competidores e a evolução do mercado, o produto precisa ser reposicionado para se manter competitivo.

Quando o briefing foi passado na escola, a nova versão do rótulo que está no mercado ainda não havia sido lançada. O projeto precisará ser realizado sobre a situação atual como um novo passo na evolução do produto. Neste caso, o estudo de campo deverá ser feito também em padarias e se possível em bonbonnières de cinemas.

Além dos concorrentes diretos mencionados no briefing, drops e balas refrescantes também devem ser estudados por fazerem concorrência indireta ao Mentex.
Em muitas situações esses produtos concorrentes indiretos funcionam como alternativa ao produto que devemos desenhar.

A linha Fresky era prima do Mentex, abrigada sob o mesmo guarda-chuva Kid's.

Embalagem tradicional (antiga) do Mentex.

O conceito *umbrella* significa guarda-chuva ou a marca sob a qual se abrigam vários produtos. Mentex está sob o guarda-chuva Kid's.

O multipack com 3 unidades aparece ao lado do Chiclets, outro concorrente indireto.

Briefing – Desenvolvimento de Embalagem

Objetivos:

- ❏ Rejuvenescer o produto.
- ❏ Ganhar market share.
- ❏ Posicionar Mentex como líder de produtos refrescantes.
- ❏ Estender a linha com novos sabores/sugar free.
- ❏ Atrair consumidores mais jovens, sem perder os atuais.

Marca:

- ❏ Kid's (umbrella).
- ❏ Mentex (marca do produto).
- ❏ Rejuvenescer a marca Mentex e estudar uma nova tipografia em função de um público jovem.

Produto:

- ❏ Manter o sabor atual de hortelã.
- ❏ Estender a linha a 3 novos sabores (Ex.: hortelã-tangerina, hortelã-cereja e hortelã-mentol).
- ❏ As pastilhas devem ser coloridas (Ex.: hortelã-branca e definir outras cores para a extensão da linha).

Packaging:

- ❏ Manter as embalagens atuais com os pesos atuais.
- ❏ Caixinha de 30 g com 13 pastilhas.
- ❏ Caixa display de 30 caixinhas.
- ❏ Flow-pack de 3 caixinhas.
- ❏ Propor uma nova embalagem mais adaptada a um público jovem.

Design:

- ❏ Moderno, jovem e muito atraente.
- ❏ Passar, de forma agressiva, a refrescância e o sabor do produto.
- ❏ A embalagem deverá ser percebida como algo que tenha muito valor agregado.

Principais concorrentes: Halls, Mentos, Ice Kiss, Tic Tac.

Consumidores/Público-alvo: Jovens e adultos das classes A/B/C que consomem balas, dropes e pastilhas refrescantes.

Principais benefícios do produto: Marca e sabor conhecidos podendo ser mastigados, pois possuem recheio de goma. Embalagem prática para portar.

Briefing 4

Produto: Del Valle High Mixx

Empresa: Sucos Del Valle

Profissional responsável pelo briefing: Horacio Del Nero Rocha – Diretor de Marketing

Introdução

Este produto também é uma novidade e não tem uma categoria específica para ser pesquisada no supermercado.

Ele se insere na tendência de as pessoas se alimentarem fora de casa e não terem tempo para fazer as refeições entre uma atividade e outra. Está crescendo o número de pessoas que desempenham jornadas duplas do tipo: trabalhar e estudar, estudar e praticar esporte, trabalhar, estudar e praticar esportes, academia, inglês, e assim por diante.

Del Valle Hight Mixx foi criado para ser uma alimentação compacta, que não exige tempo para ser consumida – pode ser bebida no transporte, caminhando ou um pouco antes de sair.

Devem ser analisadas no estudo de campo as bebidas lácteas e as barras de cereais que fazem esta mesma função.

O novo produto deve se valer do aval da marca Del Valle, utilizando o logotipo dos produtos atuais como assinatura e aval do fabricante, mas deve ter um logotipo próprio destacado na embalagem. Como na embalagem de Citrus (ao lado).

Briefing – Desenvolvimento de Embalagem

Empresa: Del Valle

■ **No Mundo:**
- US$ 0.5 bilhões
- Sucos, néctares, bebidas, águas
- 55 anos: tecnologia
- Presença direta: América Latina/EUA/Europa
- Liderança e pioneirismo

■ **No Brasil:**
- 3 anos
- Sucos e néctares
- Liderança: vol. 25%; $ 30%
- Pioneirismo: lata, light, frutas
- Premium: imagem e preço
- Conhecimento consumidor, respeito trade
- Acesso à tecnologia
- Orçamentos restritos para comunicação

■ **Consumers Insight**

■ **Core Findings:**
- Alimentação fora de casa "explodindo"
- Ausência de tempo para o preparo e consumo
- Busca da opção: saudável, gostosa, nutritiva, conveniente, portátil
- Público-alvo: teens e jovens adultos, envolvidos em jornada dupla
- Valorizam: frutas, fibras, cereais, sementes e complexos vitamínicos

■ **O Produto:** Del Valle Hight Mixx
- Bebida composta por mistura de frutas, fibras vegetais, cereais selecionados, sementes e complexo vitamínico
- Mix de frutas: Laranja e papaia/Laranja e pêssego/Manga e papaia
- Saborosíssimos
- Agradável aos olhos
- Complexo vitamínico: balanço nutricional
- Fibras vegetais: permite a mastigação/auxilia a digestão
- Cereais e sementes: sensação de saciedade/modesto nível calórico

---

Consumers insight são constatações recolhidas a partir dos consumidores.

Core findings são pontos relevantes encontrados nos estudos para o conceito e posicionamento do novo produto.

- **Mercado:**
    - Café da manhã: bilionário
    - Concorrentes: sucos, iogurtes, refrigerantes, bebidas lácteas
    - Distribuição: nível Del Valle
    - Preço: idêntico aos sucos *premiuns*
    - Comunicação: somente no ponto-de-venda
- **Embalagem do Del Valle Mixx:**
    - Manter, através do material, forma, elementos e iconografia, a imagem de pioneirismo
    - Abertos à ousadia e investimentos
    - Custo da embalagem até 30% do total
    - Observar quesitos legais de registro e proteção ao consumidor
    - Atenção ao meio ambiente
    - Linguagem visual adequada ao público jovem
    - Ressaltar os ingredientes e tabela nutricional
    - Explicitar conveniência e portabilidade
    - Ser o elemento principal de comunicação com o consumidor
    - Utilização do logotipo da empresa

> Os quesitos legais podem ser observados nos textos legais dos produtos de natureza similar ao novo produto. Tabela nutricional, por exemplo, é obrigatória.

Briefing 5

Produto: Barroca – Aguardente de Cana

Empresa: Bols do Brasil

Profissional responsável pelo produto: Daniel Klinger – Diretor de Marketing

Introdução

A aguardente de cana é a nossa bebida nacional. Junto com o guaraná, ela dá o toque de personalidade local às nossas bebidas, sendo também um componente importante de cultura.

Relegada à condição de produto inferior, só agora começa a ser reconhecida como um verdadeiro integrante de fato e de direito do seleto grupo dos destilados mais importantes do mundo.

A aguardante de cana tem berço e tradição há mais de cem anos, quando produzida e envelhecida como manda a tradicional receita, não fica nada a dever a nenhum outro destilado.

Este briefing reveste-se de especial importância, pois foi passado à primeira turma do curso em uma época em que a valorização da nossa cachaça estava apenas começando.

Destilado líder do mercado nacional, já é a 3ª bebida mais consumida no mundo.
Foram cerca de 330 milhões de litros produzidos no ano 2000.

Briefing – Desenvolvimento de Embalagem

Recomendamos que os que se propuserem a desenhar este briefing o façam com muito carinho, pois estamos tratando de um dos símbolos da nossa cultura que precisa ser valorizado.

Descrição do produto
Aguardente de cana envelhecida 8 anos em tonéis de madeira e fabricada conforme a receita tradicional da cachaça brasileira.

Promessa básica
Bebida de qualidade com sabor verdadeiro.

Qualidades
Paladar macio com aroma suave.

Histórico
Vale a pena buscar na Internet a história da cachaça.

Embalagem
- Garrafa de 900 ml (selecionar uma no mercado que achar adequada, inclusive de outras bebidas)
- Rótulo, contra-rótulo e gargantilha
- Tampa, selecionar uma no mercado e desenhá-la

Cartucho para conter a garrafa escolhida
- Devido ao posicionamento *premium* do produto, podem ser usados todos os recursos gráficos utilizados nas embalagens das bebidas finais sem limitação do número de cores.

Público-alvo
- Pessoas acima de 18 anos das classes A e B que apreciam bebidas destiladas
- 70% público masculino
- Mercado/Concorrência
- Cachaça – 86% (50 milhões de litros/ano), 60% formal, 40% informal
- Conhaque – 5% (A grande maioria nacional/alcatrão: pinga c/gengibre)
- Uísque – 4% (3% nacional, 1% importado)
- Vodka – 2% (A grande mania nacional)
- Outros – 3%
- Venda 70% em bares e botequins; 30% auto-serviço; marcas líderes: 51 com 35% do mercado, seguida por *Velho Barreiro*, *Ypioca*, *Pirassununga* e outros.

Nota: Dados estimados na época do briefing em 1997.

Objetivos do Projeto
Entrar em um segmento de valor, estimado acima dos 2 bilhões de reais/ano, com um produto *premium*, de valor agregado e que possa vir a ser exportado.

Aproveitar a tradição da cachaça de Minas e a riqueza histórica do barroco mineiro para dar ao produto uma percepção de autenticidade e valor.

Destilados como o uísque e a vodka têm maior valor agregado e uma linguagem visual que precisa ser estudada, pois é a principal neste segmento.

A linguagem visual do conhaque também tem de ser considerada, pois as versões populares deste produto concorrem como alternativa à aguardente.

Briefing 6

Produto: Itubaina – Refrigerante sabor tutti-frutti

Empresa: Schincariol Cervejas e Refrigerantes

Profissional responsável pelo briefing: Corinto Arruda – Gerente de Marketing

Introdução

São chamados Tubaína os tradicionais refrigerantes populares sabor tutti-frutti que, produzidos em toda parte por pequenas empresas, utilizavam como vasilhame as garrafas de cerveja.

Com o aparecimento das garrafas Pet de dois litros, esta indústria ganhou um novo impulso e vem crescendo muito em todo o País por terem sabor agradável, bem ao gosto popular e custarem bem menos que os refrigerantes das grandes marcas.

A Schincariol começou produzindo este tipo de refrigerante e até hoje mantém em linha sua marca tradicional Itubaina, cujo nome é uma referência a cidade de Itu, sede da empresa.

Ao contrário da imagem pejorativa formada em torno deste tipo de refrigerante, ele tem grande aceitação popular por estar associado à cultura brasileira e ligado aos sabores da infância de todas as pessoas do interior e da periferia das grandes cidades.

As crianças adoram tubaína e a guardam na lembrança como recordação de sua infância.

O objetivo deste projeto é desenhar a Itubaina de forma afirmativa, pois ser popular é uma "qualidade" e não um defeito deste produto.

A linguagem tradicional e a nova dos refrigerantes Schincariol.

Briefing – Desenvolvimento de Embalagem

Descrição do produto:

Refrigerante tradicional e popular sabor tutti-frutti.

Qualidades:

Sabor e paladar bem ao gosto das crianças e do consumidor brasileiro em geral.

Promessa básica:

É gostoso, não é caro e pode ser bebido a qualquer hora e em qualquer lugar.

Histórico:

A tubaína tem mais de 50 anos de existência e vem sendo produzida pelo Brasil a fora por pequenas indústrias de bebidas. Tem alcance e distribuição reduzidos às cidades e regiões de origem.

Embalagens a serem desenhadas:

Garrafa tipo cerveja de 600 ml, rotulada, e lata de alumínio de 350 ml, garrafa Pet de 2 litros.

Tipo de impressão/cores:

Rótulo em papel monolúcido com impressão off-set com no máximo 4 cores.
Lata de alumínio com impressão flexográfica com no máximo 4 cores. (Atenção, na lata o branco também é uma cor, e o rótulo e a lata precisam ser iguais.)

Formato e desenhos técnicos:

- Lata de alumínio comum. Usar como referência as encontradas no mercado.
- Formato do rótulo: altura vertical 10 cm – largura horizontal 9 cm.
- Rótulo Pet: escolher um dos modelos das garrafas tipo "Ampola", recortá-lo com cuidado, estendê-lo e medi-lo. Número de impressão, 4 cores. (Pode ser usado plástico branco de fundo ou transparente. No transparente, o branco tem de ser uma cor.)

Descrição do mercado e da concorrência:

Trata-se de um refrigerante popular presente em todo tipo de estabelecimento que comercializa bebidas. Os concorrentes diretos são regionais, cada região ou cidade tem sua marca local. Concorrem com as tubaínas em primeiro lugar os outros refrigerantes populares sabor maçã, limão, laranja, uva e guaraná. E em segundo lugar os refrigerantes das grandes marcas.

Consumidor/Público-alvo:

Consumidores em geral das classes sociais C e D, principalmente crianças e donas de casa. Este produto atende aos hábitos do consumidor brasileiro de servir sucos ou refrigerantes junto com as refeições principais, e devido a seu baixo custo, a tubaína é competitiva principalmente por ser prática e não exigir preparação como os sucos em pó ou concentrados. Além disso, seu sabor é apreciado e acompanha bem os alimentos.

Objetivos de marketing:

Reposicionar o produto visualmente como um refrigerante popular, mas que tem por trás uma marca forte que assegura sua qualidade. O objetivo é posicionar a tubaína no topo do segmento dos refrigerantes populares em um espaço isolado entre estes refrigerantes e os refrigerantes das marcas principais.

As classes C, D e E representam 76% da população brasileira ou 126 milhões de pessoas.

Briefing 7

Produto: Hambúrger Pronto

Empresa: Glenmark

Profissional responsável pelo briefing: Roberto Ruban – Diretor-Geral

Introdução

O consumo de alimentos prontos tem crescido no País em ritmo acelerado.

A tecnologia de alimentos vem evoluindo e conseguindo colocar no mercado produtos cada vez mais incríveis.

As cadeias de fast-food não param de crescer e o hambúrguer é o campeão dos produtos consumidos nas lanchonetes.

Juntando tudo isso com uma idéia sugerida por um viajante internacional, a Glenmark, empresa de Consumo do Grupo Internacional que fabrica no Brasil os hambúrgueres para a rede MacDonald's resolveu lançar um hambúrguer pronto para ser descongelado no microondas e devorado imediatamente.

Trata-se de uma idéia inovadora e tecnicamente viável, cuja embalagem foi apresentada como um desafio ao grupo de alunos do curso.

O produto será posicionado nos supermercados junto aos alimentos prontos que devem ser considerados seus concorrentes, pois se trata de um fast-food doméstico.

A Glenmark inovou ao lançar o hambúrguer americano para assar na churrasqueira no mercado nacional.

Briefing – Desenvolvimento de Embalagem

Descrição do produto:
Hambúrguer pronto congelado, apresentado também na versão cheeseburger.

Características do produto:
O hambúrguer já é cozido, condimentado e acompanhado de molho e pão.

Principais benefícios:
Produto de sucesso no mercado, prático e eficiente, fica pronto em 4 minutos, não exigindo trabalho, panelas, talheres, nem pratos, pois é aquecido e consumido na própria embalagem.

Principais desvantagens:
O produto tem uma pequena desvantagem, pois, assim como os sucos de laranja industrializados não têm o mesmo sabor do suco natural, espremido na hora, o hambúrguer pronto também não tem o mesmo sabor do hambúrguer saído da chapa nas lanchonetes.

Público-alvo:
Jovens e jovens adultos das classes A, B e C de ambos os sexos que apreciam fast-food.

Mercado/Concorrência:
O mercado do produto é o mesmo das refeições prontas e pode ser considerado como principal concorrente das pizzas prontas.

Objetivos de Marketing:
Participar de um mercado em franco crescimento com um produto inédito e inovador que, caso tenha sucesso, pode vir a ser o líder de uma categoria promissora.

As refeições prontas para aquecer no forno e as pizzas são concorrentes indiretas do hambúrguer pronto, assim como os hambúrgueres para preparar. Todos estes produtos devem ser avaliados no estudo de campo.

PARTE 5

Comentários Finais

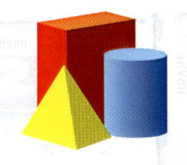

"O design é uma disciplina do desenho que exige mais dedicação e metodo que impulso criativo."

VALORIZANDO O BRASIL ATRAVÉS DE SEUS PRODUTOS

Quando desenhamos a embalagem de um produto, estamos atribuindo a ele caráter, personalidade e valor.

Posicionar nossos produtos de exportação como concorrentes "qualificados", evitando apresentá-los como exóticos ou folclóricos, é uma forma de torná-los respeitáveis e mais competitivos.

Temos produtos que podem se apresentar no mercado internacional com a força de sua autenticidade e tradição.

Mesmo para o mercado interno, existem muitos produtos brasileiros que merecem ser levados a sério e receber embalagens que os valorizem perante os consumidores.

Recomendações Finais

Aos designers que leram com atenção este livro e pretendem se desenvolver nesta carreira, vão aqui algumas recomendações que sempre faço aos meus alunos e aos profissionais que trabalham e trabalharam comigo.

O design é uma atividade mais técnica do que artística; exige disciplina e comprometimento sério com os objetivos dos projetos que são colocados sob nossa responsabilidade, por isso temos que levar em consideração os seguintes pontos:

1 — Desenvolvam o hábito de estudar. Procurem estar atualizados com as publicações importantes sobre design, embalagem e marketing. Descubram quais são as publicações-chave, as que realmente são importantes e os livros lançados sobre o assunto. Leiam e anotem as informações mais importantes. Procurem participar dos congressos, palestras e cursos que dizem respeito a esta atividade

2 — Abram um caderno de notas, aprendam e desenvolvam uma forma de tomar nota de tudo o que acharem importante sobre seu trabalho.

> ▶ *Desenhistas têm que andar sempre com um livro ou caderno para anotar o que vêem e o que pensam. Tudo anotado com desenho. Desenhistas precisam ter uma linguagem visual própria: "precisam desenhar". Ao ler um livro de design com centenas de imagens, não se limitem a ficar "vendo figuras", desenhem as principais idéias visuais. Ao fazer isso, temos de compreender como a imagem foi construída, para isso é preciso desconstruí-las mentalmente e depois reconstruí-las no papel. Assim, compreendemos de forma mais profunda e proveitosa o que estamos vendo.*

3 — Mapeiem a Internet, tenham um cadastro dos sites das principais publicações mundiais, os sites de referência no design de embalagem, os principais escritórios de design e os guias de embalagem existentes na web.

> ▶ *A Internet é um oceano de informação e conhecimento e precisamos navegar com rumo.*
>
> *Quando vamos desenvolver a embalagem para um novo produto, podemos ver como este produto está sendo apresentado visualmente na Europa, Estados Unidos, Japão, Escandinávia e assim por diante.*
>
> *Usar a web é fundamental para os designers que atuam num mundo globalizado.*

4 — Não fiquem isolados. Procurem se associar e participar dos movimentos da sua profissão.

Embalagem brasileira premiada no concurso internacional para embalagens metálicas "Cans of the year", realizado nos Estados Unidos em 2001.

O design de embalagem é uma atividade intensiva e envolvente. Se não desenvolvermos atividades como estas, corremos o risco de viver "afundados" em nossos escritórios, fazendo job atrás de job, numa tarefa que nunca tem fim e perdemos a oportunidade de interagir com nossos colegas, fazendo realmente parte de uma profissão.

E, finalmente, olhem bem para o mundo onde vocês andam, vejam a presença do desenho, observem que o mundo precisa de desenho. Pensem grande e desenhem bastante.

Glossário de Termos Utilizados no Design e na Indústria de Embalagem

Este glossário não é um dicionário, portanto a explicação de cada termo quando em outro idioma não tem a pretensão de ser uma tradução. Seu objetivo é permitir a compreensão do sentido e significado dos termos utilizados, uma vez que optamos por escrever exatamente como falamos no nosso dia-a-dia na agência e no convívio com os profissionais da indústria e do marketing no mercado em que trabalhamos.

Da mesma forma, alguns profissionais da indústria descreveriam de modo diferente alguns termos técnicos, mas este não é um livro de tecnologia de embalagem para pessoas da área técnica, mas voltado principalmente para desenhistas.

Aerossol Embalagem com gás propelente.

ATM Atmosfera Modificada (embalagem tipo bolha em que o ar foi retirado por vácuo e um gás neutro injetado no lugar para dar estabilidade e conservar o produto por mais tempo).

Bag-in-box Embalagem combinada em que um saco plástico vai dentro de uma caixa de cartão ou papelão.

Banner Desenho gráfico em forma de faixa usado para inserir informações na embalagem.

Bisnaga Embalagem tubular flexível (por exemplo, creme dental).

Blister Embalagem composta de uma cartela-suporte que pode ser de cartão ou filme plástico sobre a qual o produto é fixado por um filme em forma de bolha (por exemplo, pilhas, comprimidos).

Bolsa Termo técnico utilizado para designar o saco plástico.

Borda Filetes e elementos gráficos que contornam o rótulo ou os painéis da embalagem.

Briefing Conjunto de instruções para se executar uma tarefa e também a reunião onde estas instruções são transmitidas.

Caixa master Caixa que agrupa as outras embalagens em uma unidade maior para transporte.

Cartão Lâmina de papel com gramatura e espessura acima do "papel", que é a lâmina mais fina.

Cartelas Lâminas de cartão ou plástico em que são fixados diretamente os produtos.

Cartucho Embalagem estruturada em cartão (por exemplo, cereais matinais, sabão em pó).

Clam shell Bolha de plástico que se abre como uma concha.

Consumer insights Constatações a partir do estudo do consumidor.

Contêiner Embalagens de transporte.

Display face O painel visual que a embalagem oferece à vista do consumidor.

Display Expositor ou suporte para exposição das embalagens.

Double wall Embalagem de parede dupla freqüentemente em forma de saco.

Easy open Tampa abre-fácil (por exemplo, lata de molho de tomate com anel para puxar).

EPS Poliestireno expandido também conhecido como isopor.

Estojo Caixa em que a tampa se desloca do corpo para dar acesso ao produto (duas peças).

Extrudado/Co-extrudado Produzido pelo processo de extrusão/extrudado em conjunto.

Face lift Melhoria visual ou atualização no visual de face da embalagem.

Filme matte Filme com a superfície fosca, sem brilho.

Filme metalizado Filme que recebeu um tratamento de metalização (por exemplo, saquinhos de batata frita).

Flexografia Processo de impressão que utiliza uma matriz de borracha ou polímero (mais utilizado em plásticos).

Flip top Tampa que abre na parte superior, mas fica presa à embalagem (por exemplo, tampa da caixinha de cigarros).

Flow pack Embalagem formada na seladora em um processo contínuo. O filme entra em bobina, é dobrado, selado no meio formando um tubo e recebe o conteúdo e as soldas superior e inferior em uma operação contínua (por exemplo, embalagens Elma Chips).

Focus group Grupo de pessoas pesquisadas.

Foil Lâmina fina de metal, alumínio etc. (por exemplo, tampa de iogurte).

Fotocélula Sistema ou dispositivo de leitura óptica utilizado na indústria.

Frasco Recipiente de vidro ou plástico confeccionado com ajuda de fôrmas.

Fundo automático Sistema que permite o envase e fechamento de cartuchos por máquina encartuchadeira na linha de produção.

Gôndola Prateleira de supermercado.

Hang tag Etiqueta adesiva com orifício que, fixada na embalagem, permite que ela seja pendurada.

Head space Espaço deixado livre entre o líquido e a tampa no processo de enchimento da embalagem.

Hot melt Tipo de cola aplicada quente.

Hot stamping Processo de impressão em que um filme de metal finíssimo é fixado por calor sobre papel ou plástico (muito usado em rótulos finos).

Injeção Um dos processos de fabricação de embalagens de vidro ou plástico em que o material na forma líquida é injetado na fôrma.

Laminação Processo pelo qual duas ou mais lâminas de plástico, papel ou metal são grudadas uma na outra.

Laminadas Embalagens obtidas pela colagem de uma ou mais lâminas ou filmes.

Layout Desenho ilustrativo de uma idéia ou projeto.

Litografia Processo de impressão semelhante ao off-set utilizado principalmente na impressão de embalagens de aço (por exemplo, latas de azeite de oliva).

Logística Conjunto de atividades de organização e gestão de transporte e estocagem de mercadorias.

Logomarca Junção do logotipo com o símbolo ou marca. Quando os dois elementos são usados juntos.

Logotipo ou Logo Maneira de escrever o nome da empresa ou do produto utilizando letras com alguma forma de diferenciação das letras normais. Quando, além do logotipo, o desenho recebe um módulo ou outro elemento gráfico aglutinador ou ainda um elemento gráfico integrado nas letras.

Marca ou Símbolo Desenho gráfico abstrato ou simbólico separado do logotipo, mas que se junta a ele formando a logomarca. O símbolo pode ser usado sozinho sendo percebido como uma representação da empresa (por exemplo, a estrela da Mecedes Benz). A marca dispensa o uso do logotipo sendo ela própria a representação visual da empresa.

Marketing share Percentual de participação de mercado de um produto.

Mass display O efeito causado pela repetição de várias embalagens colocadas lado a lado.

Mock-up Protótipo apresentado como um layout no formato real da embalagem.

Model sheet Manual com as várias posições dos personagens de licenciamento (por exemplo, Pokemon, Barbie).

Multicamadas Embalagem feita de lâminas combinadas.

Narrow neck Gargalo mais estreito.

Neck Gargalo, pecoço (por exemplo, cerveja long neck).

No label-look Efeito em que o rótulo adere à embalagem "desaparecendo" como se esta não tivesse rótulo algum, apenas a informação aparece (por exemplo, rótulos transparentes de xampu).

Off-set Processo de impressão com chapa de alumínio e rolo de borracha (mais utilizado em papel).

Papelão Estrutura composta de lâminas de papel acopladas. São duas lâminas recheadas com uma 3ª lâmina em forma de onda que une as duas constituindo uma "parede". Os principais tipos são o ondulado e o microondulado.

Peg board Orifício feito na embalagem para pendurá-la em ganchos ou gôndolas especiais ou displays.

Plásticos-barreira Filme plástico com tecnologia que evita a passagem de gases.

Potes Recipientes de perfil baixo com boca larga de vidro ou plástico (por exemplo, pote de margarina, de sorvete, de cremes cosméticos).

Pump Tipo de tampa com bomba para ejetar o contédo.

Raffe Esboço inicial de uso interno da agência, mais rústico que o layout.

Registro Ajuste de precisão de uma cor sobre outra na impressão.

Relevo americano Sistema de aplicação de relevo por meio de uma tinta especial para este fim.

Relevo seco Sistema de aplicação de um clichê utilizado no corte e vinco da embalagem que acrescenta relevo aos pontos indicados.

Rótulo-manga Rótulo tubular "vestido" no frasco (por exemplo, garrafas Pet de refrigerante 2 litros).

Sachês Embalagem em forma de envelope. Pode ser de papel, plástico ou materiais combinados (por exemplo, adoçantes e sopas em pó).

Schrink Filme plástico termoencolhível que adere por encolhimento embalando o produto.

Shape Forma estrutural (silhueta de um frasco).

Size impression Sensação de tamanho provocada pelo design na embalagem.

Skin Filme plástico que adere como uma pele à embalagem.

Sleve Rótulo encolhível que adere à superfície da embalagem contornando-a como uma pele.

Sopro Sistema de produção utilizado tanto para plástico como para vidro ou Pet em que o material aquecido recebe um jato de ar interno sendo soprado contra as paredes do molde.

Splash Desenho gráfico utilizado para destacar informações importantes na embalagem.

Spray Embalagem com gás propelente ou bomba de pressão que ejeta o conteúdo.

Squeeze Embalagem que espirra quando pressionada (por exemplo, desodorantes em plástico, ketchup etc).

Stand-up-pouch Sachê que se mantém em pé graças à sua base aberta.

Tampa crown Tampinha metálica de garrafas de cerveja.

Target Alvo, objetivo. Utilizado para público-alvo de um produto.

Termoformagem Processo de fabricação em que uma lâmina de plástico é derretida sobre uma fôrma (por exemplo, potes de iogurte e de margarina).

Termoplástico Resina plástica que é sensível ao calor.

Upgrade Melhoria "para cima" da embalagem de um modo geral ou mudança de posicionamento em direção aos degraus superiores e de maior valor da categoria.

Verniz UV Verniz de impressão ultravioleta que protege a cor do desbotamento e dá mais brilho.

Vidro ambar Vidro marrom.

Vinheta Pequeno elemento gráfico ilustrativo utilizado para compor visualmente a diagramação.

Embalagem de vidro adotada pelo primeiro suco de laranja orgânico do mercado brasileiro. Os produtos orgânicos são certificados por entidades credenciadas que atestam que foram produzidos em lavouras isentas de agrotóxicos

Bibliografia

ANÁLISE setorial: a indústria de embalagens. São Paulo: Gazeta Mercantil, 1998. 5v.

BOOTH-CLIBBORN, E., ed. **The best of British packaging**. London: Internos Books, 1988.

BRASIL pack trends 2005: embalagem, distribuição e consumo. Campinas: CETEA-ITAL, 2000.

CANTERO, F. **Dicionário técnico da indústria gráfica**: inglês-português. São Paulo: Imprensa Oficial do Estado, 1982.

CLIFF, S. **50 trade secrets of great design packaging**. Gloucester: Rockport Pub., 1999.

_____. **The best in specialist packaging design**. Mies: RotoVision, 1992.

COLEMAN, LIPUMA, SEGAL & MORRILL, INC. **Package design and brand identity**: 38 case studies of strategic imagery for the marketplace. Rockport: Rockport Pub., 1994.

COUTO, R. M. S.; OLIVEIRA, A. J.; org. **Formas do design**: por uma metodologia interdisciplinar. Rio de Janeiro: 2AB/PUC-Rio, 1999. (Série Design)

DANTAS, S. T. et al. **Avaliação da qualidade de embalagens metálicas**: aço e alumínio. Campinas: CETEA/ITAL, 1996.

_____. **Embalagens rígidas para bebidas**. Campinas: CETEA/ITAL, 2000.

DENIS, R. C. **Uma introdução à história do design**. São Paulo: Edgard Blucher, 2000.

DONDIS, D. A. **Sintaxe da linguagem visual**. São Paulo: Martins Fontes, 1999.

ENSAIOS para avaliação de embalagens plásticas flexíveis. Campinas: CETEA/ITAL, 1996.

ENSAIOS para avaliação de embalagens plásticas rígidas. Campinas: CETEA/ITAL, 1998.

ESCOREL, A. L. **O efeito multiplicador do design**. São Paulo: Editora SENAC São Paulo, 2000.

FISHEL, C. M. **The perfect package**: how to add value through graphic design. Gloucester: Rockport Pub., 2000.

GRACIOSO, F. **Marketing**: o sucesso em 5 movimentos. São Paulo: Atlas, 1997.

HELLER, S.; FINK, A. **Food wrap**: packages that sell. Glen Cove: PBC International, 1996.

JAPAN PACKAGE DESIGN ASSOCIATION. **Package design**: JPDA member's work today. s.l.: s.c.p., 1998.

KANDINSKY, W. **Curso da Bauhaus**. São Paulo: Martins Fontes, 1996.

_____. **Olhar sobre o passado**. São Paulo: Martins Fontes, 1991.

_____. **Ponto e linha sobre plano**: contribuição à análise dos elementos da pintura. São Paulo: Martins Fontes, 1997.

KIT prática profissional do designer gráfico. s.l.: ADG, 1998.

MORGAN, C. L. **Packaging design**: design brief, finished project. Crans-Pres-Celigny: RotoVision, 1997.

MOURAD, A. L. et al. **Embalagens de papel, cartão e papelão ondulado**. Campinas: CETEA/ITAL, 1999.

MUNARI, B. **Design e comunicação visual**: contribuição para uma metodologia didática. São Paulo: Martins Fontes, 1997.

NIEMEYER, C. **Marketing no design gráfico**. Rio de Janeiro: 2AB, 1998. (baseDesign)

OPIE, R. **The art of the label**: designs of the times. Secaucus: Chartwell Books, 1987.

PEDERSEN, M.; ed. **Bottle design**: beer, wine, spirits. s.l.: Graphis Inc., s.d.

_____. **Graphis packaging 7**. s.l.: Graphis Inc., s.d.

PEVSNER, N. **Os pioneiros do desenho moderno**: de William Morris a Walter Gropius. São Paulo: Martins Fontes, 1995.

PHILLIPS, R. **Packaging graphics**. Gloucester: Rockport Pub., 2000.

REIS, A.; TROUT, J. **As 22 consagradas leis do marketing**. São Paulo: Makron *Books*, 1993.

ROTH, L. **Package design**: an introduction to the art of packaging. Englewood Cliffs: Prentice-Hall, 1981.

SEMINÁRIO MATERIALS AND DESIGN, São Carlos, 1997. **Anais**. São Carlos: IBICT/CNPq/FIESP/UFSCar, 1998.

SONSINO, S. **Packaging design**: graphics, materials, technology. London: Thames and Hudson, 1990.

SOUZA, P. L. P. **Notas para uma história do design**. Rio de Janeiro: 2AB, 1998. (Série Design)

TROUT, J.; RIVKIN, S. **Diferenciar ou morrer**: sobrevivendo em nossa era de competição mortal. São Paulo: Futura, 2000.

WALKER, L.; BLOUNT, S. **The best new U.S. and international label designs 2**. Rockport: Rockport Pub., s.d.

WICK, R. **Pedagogia da Bauhaus**. São Paulo: Martins Fontes, 1989.

Histórico Profissional do Professor Fabio Mestriner

1974 - Inicia carreira no desenho trabalhando na agência de propaganda interna da Mesbla (Central Mesbla de Propaganda).

1975 - De 75 a 80 desenvolveu-se profissionalmente trabalhando para jornais e editoras (Abril - Editora do Brasil), TV Cultura (Depto. de Arte), Revistas (*Iris Foto, Micro-Sistemas, Vídeo-News*). Neste período concluiu sua formação como designer gráfico, chegando ao cargo de editor de arte nas revistas citadas acima.

1979 - Em 79 integra a diretoria da Associação dos Artistas Gráficos e Fotógrafos de Imprensa e Publicações Culturais. Nesta entidade criou e ministrou por dois anos o curso de desenho de histórias em quadrinhos. Este curso foi ministrado por um semestre na Escola de Comunicações e Artes (ECA) da USP.

1981 - Recebe o registro de jornalista profissional (diagramador) pelo Ministério do Trabalho (RMt nº 12.479) pelo exercício da profissão.

1982 - Ingressa como designer e se torna sócio do escritório de design gráfico GRAAF, no qual desenvolve marcas, embalagens e material impresso.

1983 - Assume a área de publicações da Empresa Metropolitana de Planejamento responsável pelo SPAM – Sistema de Planejamento Metropolitano.

1984 - Trabalha como assessor técnico da divisão de Artes Gráficas da Imprensa Oficial do Estado – IMESP. Nesta função, acumula a gerência de planejamento visual gráfico da empresa, responsável pelas publicações de interesse histórico e cultural do Estado de São Paulo.

1987 - Assume a direção de criação da Seragini Young & Rubican, empresa especializada em design de embalagem, pertencente ao grupo internacional Young & Rubican.

1990 - Juntamente com outros executivos da Seragini passa a ministrar o curso de design de embalagem na pós-graduação da ESPM.

1991 - Com os outros executivos da Seragini, adquire a empresa da Young & Rubican e funda a Seragini Design.

1992 - Cria o curso de computação gráfica na ESPM, baseado na plataforma Comodore "Amiga" onde leciona por 2 anos.

1994 - Cria sua própria empresa de design, a Packing, dedicada exclusivamente ao design de embalagem.

1995 - Participa do grupo de trabalho da FIESP que ajudou a escrever o PBD - Programa Brasileiro do Design.

1997 - Inicia o curso de especialização em design de embalagem na Escola de Criação da ESPM, que originou este livro.

1998 - Com um grupo de empresários do design cria e é designado coordenador do Comitê de Design da Associação Brasileira de Embalagem (ABRE).

1999 - Ministra pela ABRE cursos intensivos de design de embalagem, em São Paulo e Recife.

2000 - É eleito para o Conselho Executivo da ABRE gestão 2000/2002.

2001 - Durante os últimos anos tem sido convidado a participar de congressos e seminários por entidades como SEBRAE, CETEA, Escola Politécnica da USP, NIT da Universidade Federal de São Carlos e, como palestrante, tem-se apresentado em universidades, associações e entidades de classe por todo o País. Mantém um site informativo sobre design de embalagem na Internet que, por seu conteúdo, foi inserido na base de pesquisa do CNPQ. Escreve artigos para as revistas *Design Gráfico*, *About*, *Revista da Criação* e é membro do Conselho Editorial da revista *Pack*.

Participa da criação do Comitê de Design da Abigraf (Associação Brasileira da Indústria Gráfica) juntamente com dirigentes da ADG (Associação dos Designers Gráficos).

É eleito "Profissional de Embalagem do Ano" no Festival de Promoção, Embalagem e Design promovido pela revista *About* por seus serviços prestados ao desenvolvimento do design de embalagem, incluindo a publicação deste livro.